KB155350

교사에게는
제자가 있다

교사에게는 제자가 있다

(세상에 하나뿐인 교사와 제자의 완벽한 만남)

[행복한 교과서®] 시리즈 No. 40

지은이 | 김경희
발행인 | 홍종남

2019년 3월 9일 1판 1쇄 인쇄
2019년 3월 16일 1판 1쇄 발행

이 책을 만든 사람들
책임 기획 | 홍종남
북 디자인 | 김효정
교정 교열 | 김윤지
제목 | 구산책이름연구소
출판 마케팅 | 김경아

이 책을 함께 만든 사람들
종이 | 제이피씨 정동수 · 정충엽
제작 및 인쇄 | 천일문화사 유재상
저자 발굴 | 장혜연 님

펴낸곳 | 행복한미래
출판등록 | 2011년 4월 5일. 제 399-2011-000013호
주소 | 경기도 남양주시 도농로 34, 부영e그린타운 301동 301호(다산동)
전화 | 02-337-8958   팩스 | 031-556-8951
홈페이지 | www.bookeditor.co.kr
도서 문의(출판사 e-mail) | ahasaram@hanmail.net
내용 문의(지은이 e-mail) | gyoung9949@hanmail.net
※ 이 책을 읽다가 궁금한 점이 있을 때는 지은이 e-mail을 이용해 주세요.

ⓒ 김경희, 2018
ISBN 979-11-86463-40-6
〈행복한미래〉 도서 번호 071

※ [행복한 교과서®] 시리즈는 〈행복한미래〉 출판사의 실용서 브랜드입니다.
※ [행복한 교육학®] 시리즈는 〈행복한미래〉 출판사의 교육학 브랜드입니다.
※ 이 책은 신저작권법에 의거해 한국 내에서 보호를 받는 저작물이므로 무단 전재 및 복제를 금합니다.

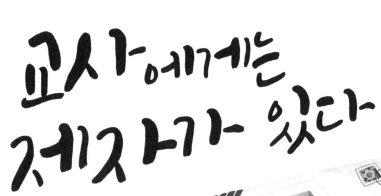

교사에게는 제자가 있다

| 김경희 지음 |

행복한미래

교사 28년,
내가 만난 제자들

교실과 작별한 지 19년이 되면서 나에게 주어진 시간 열차 또한 빠른 속도로 달리고 있다. 무궁화호, 새마을호는 옛날이야기로, 비교도 할 수 없는 빛의 속도로 달리는 느낌이다.

'아! 어느새…….' 차창 밖 풍경은 금세 과거가 되어 뒷모습만 보인다. 내 미래를 꿈꾸기도 전에 연기처럼 사라져 간다. 빠르게 스쳐 지나가는 여정에서 내게 과제 하나가 던져졌다. '제자들과 있었던 이야기'를 한번 풀어 보자고. 그 과제를 들고 역주행하며 시간 여행의 마법에 걸렸다.

인간에 대한 사랑, 존중, 배려 등은 고민해 보지 않았다. 국가에 대한 바람이나 의무 또한 생각해 보지 않았다. 갓 태어난 짐승 새끼처럼 눈을 뜨지 못하고 그냥 철없이 몸집만 크고 속이 차지 못한 채 교실로

투입되었던 그 시절로 간다.

　매일 한 교실 안에서 같은 공기를 마시며 힘겹게 씨름하고 웃다 보니 인간에 대한 연민과 사랑에 빠지게 되었다. 아주 자연스럽게 말이다.

　교육 과정의 그림이 머릿속에 없어도 아이들에 대한 관심과 사랑의 힘은 동력이 되어 바퀴를 잘 굴리고 있었다. 그리고 정신을 차려서 그 위에 교육 과정이라는 중심 과제를 얹고서 차츰 익숙하게, 아니 습관적으로 달리기 시작했다.

　처음 아주 힘들 때는 5년만 하고 마침표를 찍어야지 했는데, 세상살이에 눈을 뜨면서 힘들어도 20년은 해야지 하다 정확히 27년 6개월을 하고 마침표를 찍었다. 열정이 아직 식지 않았을 때 딱 멈추었다. 제2의 인생을 다시 꿈꾸면서 말이다.

그 사이 많은 관계의 씨를 뿌렸다. 27년 6개월 동안 뿌리고 또 뿌렸다. 1350여 명의 순수한 동심에 좋은 씨 나쁜 씨 제대로 가리지도 못하고 뿌렸다.

'이 아이는 어떤 모습으로 성장해 갈까?' 높은 기대감을 주기도 하고 애태우는 마음을 안겨 주기도 하며 내 품을 거쳐 갔다.

'씨를 뿌릴 때에 나지 아니할까 슬퍼하며 심히 애탈지라도 …… 기쁨으로 단을 거두리로다'는 믿음의 노랫말처럼 오래전에 뿌리고 기쁨으로 단을 거두는 농부가 된 느낌이다. 지금은 제자에게서 사랑을 받으며 나이 들어가고 있으니까.

세상에 태어나 한 번이라도 학교 문턱을 넘어 보지 않은 사람은 없을 것이다. 제자였고 스승이었다. 현재 교사인 사람도 있고, 학생이었다가 지금은 아이 양육에 힘을 쏟는 부모가 되어 있기도 하다. 선택이 아닌 일방적으로 맺은 관계 속에서 웃기도 하고 넘어져 울기도 하고 때로는 탈출을 꿈꾸기도 하는 등 우리는 관계 속에서 고뇌하며 성숙해 간다.

이 작업이 내게는 추억 여행이었지만 이 글을 접하는 누군가는 현재 교실 속 주인공으로 당면한 일일 수도 있을 것이다. 세상과 교육 환경은 많이 변했지만 그 관계 속에서 일어나는 정서적 교감은 변함이 없다. 아니 눈에 보이지 않는 그 부분이 복잡 다양해진 오늘날에는 더욱 중요해졌다. 수면 아래 보이지 않는 상처투성이 관계가 있다면 관심과 사랑이라는 처방약으로 치유하고 회복하는 것이 우선이다. 가르치고 배우는 작업 이전에 우리는 신뢰로 관계를 맺어야 하니까.

가르치는 일이 얼마나 중요한지 깨닫지 못한 채 많은 시행착오를 거치며 교직을 마무리했다. 살아온 날이 참 많이 쌓였다. 살아갈 날이 창창한 이들에게 그 과정 중에 얻은 이야기들을 들추어 보여 주려고 한다. 간접 경험이 실패를 예방하는 새로운 지침이 된다면 이 작업은 헛되지 않으리라고 기대해 본다.

내 추억 여행 열차에 동승하여 돌아오는 길에는 미래에 대한 희망과 용기의 선물이 가득 들어 있기를 바란다.

차례

1부. '선생님'이라고 부르는 아이들과 첫 만남

2부. 교사와 아이의 특별한 만남
: 그때 아이들, 지금 제자들

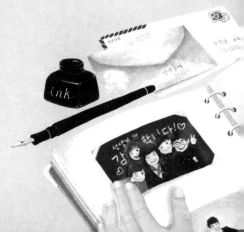

3부. 여럿이 함께 만든 교실 속 풍경, 교실 밖 이야기

4부. 교사 반성문

1부.

'선생님'이라고 부르는
아이들과 첫 만남

이.
첫 학교 첫 만남, 학생에서 교사로

처음 발령받은 곳은 6학급의 작은 시골 학교였다.

교장 선생님 포함 전 직원 7명. 교감 선생님도 학급을 맡을 수밖에 없는 형편이었다. 내게는 이런 분위기가 그다지 낯설지 않았다. 내가 나고 자란 곳도 시골이고 다녔던 학교도 비슷한 환경이었기 때문이다.

발령장을 들고 부임한 날 전교생이 운동장에 모여 삼일절 기념식을 하고, 떠나는 선생님의 작별 인사와 함께 새로 부임하는 선생님을 소개했다. 이제 선생님 자격을 부여받았다. 사회에서 많은 것을 용납받던 학생 신분이 아니다. 교사로서 품격을 말과 행동으로 보여야 하는 막중한 책임감이 따른다. 교감 선생님이 "4학년 1반 담임 김경희 선생님." 하고 학급 담임을 발표하자 두렵고 떨렸다.

교무실에 들어와 선배 선생님에게서 몇 가지 사무 안내를 받았지만 신출내기다 보니 얼떨떨하여 명확히 들어오는 것이 없었다. 그러나 전 담임 선생님이 특별히 신경 써야 할 아이를 몇 명 짚어 줄 때, 이찬희라는 이름 석 자가 뚜렷이 머릿속에 입력되었다.

첫날부터 교감 선생님은 연간학교운영계획서를 빨리 완결해야 한다고 철판과 철필을 안겨 주며 등사지에 글씨 쓰는 요령을 가르쳐 주셨다. 그날은 정규 수업일이 아니라 일거리를 챙겨 들고 일찍 집으로 향했다.

한 줄로 갈 수밖에 없는 좁은 논둑길을 따라 저 앞에서 아이 몇 명이 재잘거리며 걸어간다. 내가 가까이 다가가자 그 좁은 길에서 비껴서며 새로 오신 선생님인 줄 알았던지 제법 공손하게 인사들을 한다. 무슨 말로 인사를 받아야 할지 그것조차 서툰 햇병아리 선생으로서 첫 대면이다. 인사를 받고 최대한 친절한 말투로 학년을 물었더니 4학년이란다. 내 반 아이들이구나 싶어 얼른 이름을 물으니 그중 한 명이 바로 '이찬희'였다. 어찌 이렇게 만났을까? 원수지간도 아닌데 외나무다리 같은 좁은 논둑길 위에서 마주치다니……. 얼른 용모를 살폈다. 키는 맨 앞자리 정도, 머리 모양은 짱구, 얼굴에는 미세한 상처가 많았다.

다음 날 교실에 들어가 제일 먼저 눈에 띈 아이도 역시 찬희였다. 그리고 찬희와 함께 어울리는 아이 몇 명도 조심히 살폈다. 하루 이틀 반 아이들과 적응해 가며 수업을 진행하다 보니 찬희는 교실 수업에는 별로 흥미가 없고 운동장에 나가 뛰어노는 것에 더 열심이다. 고학년 저학년 구분 없이 싸움도 잘 하고 여학생도 자주 괴롭히며 6학년 선배도 전혀 겁내지 않았다. 처음 얼마간은 잘 지냈지만 교사로서 경험도 부족하고 요령도 없어 날로 고민이 깊어 갔다. 지적할 일이 점점 많아지는 것을 어떻게 해야 할지 몰라서 달래도 보고 엄하게 혼도 내 보고 했다.

어느 날 난감한 일이 벌어졌다. 이제는 선생님도 겁나지 않은지 몇 마디 꾸중에 책가방을 복도로 내동댕이치더니 흩어진 소지품을 그대로 둔 채 밖으로 나가 버렸다. 당황한 나는 태연한 척했지만 마음속으로는 울고 있었다. 체면도 완전히 구겨졌다. 반 아이들은 오히려 나를 동정하는 눈빛이었다. 친구들이 얼른 책가방을 정리하고 찬희를 불러들여 겨우 수습되었다. 누가 뭐라 하지 않아도 내게는 큰 상처로 남는 부끄러운 사건이었다. 많은 날을 고민했다. 사랑과 관심이 강력한 무기라는 것을 깨닫기까지 시간도 꽤 걸렸다.

찬희가 제일 흥미 있어 하는 것은 축구였다. 그러니 체육 시간을 제일 좋아할 수밖에 없다. 체육 시간만 되면 교육 과정도 무시하고 축구만 하자고 졸라 댔다. 남자아이 대부분이 그랬다. 가끔은 아이들 원대로 규칙도 잘 모르는 햇병아리 여교사가 호루라기 하나 의지하여 심판이랍시고 운동장을 뛰어다니기도 했다. 사실 규칙을 잘 모르기 때문에 처음에는 참 쑥스럽고 부끄러웠다. 운동장이 한눈에 내다보이는 상황에서 윗분 선생님들을 의식하지 않을 수 없었다. 어떨 때는 심판으로 세워 놓고는 나를 무시하고 저희들이 다 판정하며 경기를 진행했다. "부리킥! 부리킥!" 하고 소리를 지르며 달리는 아이들의 그 소리가 뭔지도 몰랐으니 얼마나 웃기는 이야기인가. 파울을 얻어 내고 "free kick! free kick!" 하고 외치는 것이었는데 말이다.

그 후로 몸을 아끼지 않고 혼신을 다하여 차고 달리는 찬희에게 축구 선수라고 별명을 붙여 주었다. 학업 성적은 내세울 것이 없어도 국가대표 축구 선수의 꿈을 키우며 자긍심을 가지라고 말이다.

얼마 후 인근 대추초등학교에서 학교 대항 친목 축구시합이 있다는 공문이 왔다. 학생 수도 적고 제대로 된 코치조차 없는 학교였지만, 윗분들은 그래도 참가하는데 더 의미가 있다고 말씀하셨다. 4~6학년을 묶어 한 팀을 꾸려 나보고 인솔해서 다녀오라고 했다. 그래서 그냥 데리고만 갔다. 좋은 결과 따위는 바라지 않고 신나게 뛰어 보라고 격려하면서 말이다. 찬희도 선배들 틈에 끼어 선수가 되었다. 특별한 유니폼도 없이 나가서 맘껏 차고 뛰며 전력을 다했다. 내 눈에는 찬희만 보였다. 키도 작아 많이 불리한 조건이지만 몸을 사리지 않고 얼마나 열심히 뛰던지 다른 학교 선생님들과 심사위원 선생님들 눈에도 찬희가 보였나 보다. 많지 않은 몇 학교 출전에서 당연히 꼴찌였지만, 심사 결과 찬희에게 개인기상이 주어졌다. 단체상은 없었지만 자랑스럽게 상장을 받아 들고 우리 학교의 체면을 세워 주었다. 그것도 선배들을 제치고 키 작은 4학년 찬희가 말이다.

학년 말이 되었다. 행인지 불행인지 어떤 아이에게는 기쁨이지만 다른 아이에게는 불행한 만남이 될 수 있는 상황으로, 그 아이들을 데리고 진급해서 2년을 한 교실에서 씨름하며 교직 경력을 쌓아 갔다.

몇 년이 지난 어느 날 멀리 떨어진 인천에서 근무하던 내게 편지 한

통이 왔다. 겉봉 발신자 이름에 '이찬희'라고 쓰여 있었다. 뜻밖의 편지를 받고 얼마나 놀라고 기뻤는지 모른다. 봉투 속에는 사진도 한 장 들어 있었다. 억새꽃이 피어 있는 가을 풍경 속에 교복을 입은 어엿한 고등학생의 모습이다. 몸을 숨기고 상반신을 억새꽃 사이로 살짝 내민 모습이 딴에는 한껏 멋을 부린 모습이다. 햇병아리 선생 시절 그토록 나를 당혹하게 했으면서도 멋진 모습을 선생님께 자랑하고 싶었나 보다. 아니면 4학년 때 받았던 선생님의 사랑과 관심이 그리웠던가. 관심과 사랑이라는 그 강력한 무기가 고등학생이 될 때까지 작동하고 있었나 보다.

지금도 그 사진을 간직하고 있다. 빛바랜 사진을 보면 마치 46년 전 영상을 돌려 보는 느낌이다. 몇 년 전에 들은 소식으로는 이제는 어엿한 어른으로 가정도 꾸리고 책임감 있는 가장으로서 휴대 전화 판매 대리점을 운영하며 열심히 산다고 한다.

요즘 텔레비전에서는 러시아에서 개최하는 스물한 번째 세계 월드컵 경기로 전 세계 축구 팬이 열광하고 있다. 유년 시절 그렇게 축구를 사랑했으니 아마 찬희도 텔레비전 속 선수들을 보며 열심히 응원하고 있겠지. 종횡무진 몸을 아끼지 않고 태클과 슬라이딩으로 작은 체구의 약점을 보완하여 개인기상까지 받았던 개구쟁이 그 모습이 월드컵 경기를 보며 다시 생각났다. 엷은 미소를 짓게 하는 풋내기 시절의 추억이다.

누군가에게 관심과 사랑을 받고 있다는 믿음은 일생 작동하는 강력한 무기가 되어 인생 여정의 어떤 고난도 굴복시킬 수 있는 힘이 된다고 확신한다.

02.
내게는 가슴 아픈 제자가 있다

"여보세요."

"네, 병원입니다."

"평택 ○○○정신과 병원이죠? 죄송하지만 입원 환자 중 진광석이라는 환자가 있는지요?"

담당자는 선뜻 대답해 주지 않고 누구냐고 꼬치꼬치 캐묻는다.

"저는 그 환자의 초등학교 4학년 담임이었던 사람입니다. 2010년 9월 8일에 보호자와 함께 면회를 갔던 적이 있습니다."

그때서야 잠시 퇴원했다 다시 입원해 있다고 대답했다.

휴대 전화를 내려놓으며 한숨이 절로 나왔다. 젊은 청춘을 맘껏 누리지도 못한 채 오십 중반이 넘도록 이렇게 정신과 병원에 갇혀 지내는 그 인생이 너무나 불쌍했다. 또 부모 마음은 얼마나 아프고 지쳤을까?

다음은 38년 전 인천 지역 『여교사 2호』에 실렸던 교단 수기 내용
이다.

내 사랑 헛되지 않기를

책꽂이에 꽂혀 있는 『생의 한가운데』 표지를 볼 때마다 생각나는 제
자의 얼굴이 있다.

1972년 3월 1일, 첫 발령을 받고 부임한 6학급 작은 시골 학교에서 아
는 것도 없고 경험도 없으면서 뭔가 해낼 수 있을 것이라는 막연한 기
대감에 교직 생활의 시작은 한껏 부풀어 있었다. 하나둘 아이들 이름
과 얼굴을 익혀 가며 시행착오를 거듭했다. 그런데 내 자신감을 나날
이 떨어뜨리는 세 아이가 있었다. 진광석, 양만수, 장현진이 그 아이들
이었다.

반의 다른 아이들보다 정신 연령이 높았지만, 그래도 아이들이니 순
진하리라는 내 예상을 뒤엎고 계속해서 나를 수렁으로 밀어 넣고 있
었다. 나태한 학교생활, 여자아이들 괴롭히기, 학습장 및 준비물 미비,
지각, 결석 등. 그때 비로소 선생님들이 말하는 문제아가 무엇인지 알
것 같았다. 나름대로 행동을 수정하고픈 의욕이 고개를 들었다. 무언
가 변화가 그 아이들 마음속에서 일어나게 하고픈 충동이었다. 그래서
그날로 일종의 사례를 연구하기 시작했다. 광석이는 우선 성적부터가
하위권, 왼쪽 팔이 비틀려 있었으며(골절이 된 팔이 다 낫기도 전에 나무에 올라

갔다가 떨어져서 다시 다쳤기 때문이다), 키가 커서 뒷자리에 앉아 수업 시간에도 만화책만 읽었고 그 양도 많은 편이었다. 농지가 별로 없어 주로 아버지의 노동일로 먹고산다고 들었다. 한 가지 희망적인 것은 어머니가 독실한 기독교인이라는 점이었다. 대강 알아본 광석이 주변은 이러했다. 그리하여 처음에는 아이들이 의식하지 못하는 정도에서 내 관심을 쏟다 점차 표면화시켜 갔다. 심부름도 자주 시키고 수업 시간에 순시를 할 때도 의도적으로 관심을 기울였다. 이때마다 아이들은 마치 담임인 나를 조롱하는 것 같았다. 그래도 아랑곳하지 않고 방과 후에도 남아서 시험지 채점도 하고 잔심부름도 자꾸 시켰다. 칭찬도 자주 하고 때로는 수고했다고 사탕도 사 주었다. 그리고 읍내에서 열리는 글짓기대회를 앞두고 이발을 못 하는 만수에게는 이발료와 연습용 원고지도 사주고, 광석이에게는 역사 이야기가 담긴 만화책을 구해 주기도 했다. 처음에는 내 관심과 사랑을 비웃듯이 거부 반응을 보이던 아이들이 조금씩 달라지기 시작했다. 그 증거로 숙제를 하지 않았거나 단체로 지각을 하고는 뒤늦게 교실 문을 열고 들어올 때는 무안해하며 얼굴을 붉혔다. 점차 자신이 붙기 시작한 나는 더욱 열심히 그 아이들을 사랑했다. 양친이 돌아가시고 형 밑에서 형수가 지어 주는 밥을 먹으며 비슷한 또래의 조카들과 살고 있는 만수, 팔이 불편한 광석이를 집중적으로 사랑했다. 그런데 내 이 행동은 문제를 낳고 말았다. 처음에는 이 아이들의 부족한 점들을 동정하며 함께 관심을 쏟던 반 아이들의 마음이 질투로 돌아선 것이다. 어느 날 이 아이들이 놀림을 받고 있었다.

담임인 나를 누나 같다고 한 말을 꼬투리 삼아 놀린 것이다. '알나리깔나리~' 놀림의 대상이 되어 갑자기 기가 죽어 보였다. 그러나 나는 그런 아이들을 보며 오히려 '야호!'를 외쳤다. 이런 표현을 썼다는 것은 어쨌든 그 아이들 마음에 변화가 생겼다는 입증이기 때문이다.

이제 2차적으로는 기초 학력을 끌어올리는 일이 문제다. 만수의 성적은 상위권에 속했지만 광석이는 일기쓰기조차 엄두를 낼 수 없었다. 광석이뿐만 아니라 절반에 가까운 아이들이 맞춤법이 엉망이어서 정말 고민되었다. 그 당시 부모 손길이 미치지 않는 농촌 지역 대부분의 아이가 비슷한 실정이었다. 궁리한 끝에 반 아이들에게 받아쓰기 공책을 준비하게 했다. 받아쓰기를 한다니까 "에~ 4학년이나 되었는데 무슨……." 하며 자신들을 무시한다는 반응을 보였다. 그래서 1학년과 차별을 두어 줄 공책에 국어책 한 쪽을 임의로 지정하여 전날 예고를 한 후 몇 줄씩 읽어 주고 받아쓰게 했다. 시간도 많이 걸리고 결과를 확인하는 데 어려움도 많았으나, 중단하지 않고 계속 몇 개월을 해 나갔다. 그러면서 일기쓰기를 적극 권장했다. 반 아이 전체의 맞춤법 실력이 조금씩 나아지고 있음을 일기장에서 확인할 수 있었다. 반 전체 앞에서 수시로 잘 쓴 일기에 대한 칭찬을 아끼지 않았다.

그런데 아무리 찾아보아도 광석이 일기장은 보이지 않았다. 그러다 어느 날 드디어 광석이의 일기를 발견했다. 겨우 하루치 일기, 맞춤법은 소리 나는 대로 적었지만 놀라운 것은 그 내용이 보통 이상이었다. 나는 이 절호의 기회를 놓칠세라 일기장 한 면에 칭찬과 격려로 긴 편지

글을 썼다. 드디어 내 관심은 성공을 거두기 시작했다. 이후로 광석이는 학년을 마칠 때까지 거의 일기쓰기를 거르지 않았기 때문이다.

어느덧 큰 과제를 안고 씨름하던 교직 1년이 지나갔다. 이제 겨우 변화가 시작되었는데 학년이 바뀌는 상황이 되었다. 그런데 행인지 불행인지 4학년 아이들 그대로 5학년으로 진급하게 되었다. 한 학년에 한 학급밖에 없다 보니 분반할 필요도 없었다. 담임도 친구도 바뀐 것이 없어서 지루할 수도 있겠으나 나로서는 씨를 뿌리고 거두는 일까지 하고 싶었기에 잘된 일이었다. 이제는 광석이도 내 호의를 알아주었고 모든 아이가 광석이에게 우호적이었다. 성적도 눈에 띄게 오르고 있었다. 특히 국사, 사회, 국어 과목은 학급에서 선두권에 있었다. 만화책뿐만 아니라 독서를 많이 하게 된 까닭이라고 생각되었다.

어느 날 내 앞에 오더니 "선생님, 제가 1학년 때는 받아쓰기를 못해서 나머지 공부할 때 장정수가 가르쳐 주었는데 지금은 정수가 저보다 못해요." 하며 스스로를 대견해했다. 얼마나 뿌듯하면 1학년 때 나머지 공부하던 일을 오히려 자랑스러운 듯 이야기할까? 정수에게는 미안하지만 나도 기분이 좋았다. 이제 남은 문제는 산수과(지금은 수학)의 기초학력이었다. 자신도 꾸준히 노력하고는 있었으나 암기로 할 수 있는 공부가 아니다 보니 안타까웠다. 그렇지만 5학년이 끝날 무렵에는 전 과목 합하여 10위 안에 들 정도까지 되었다.

1년이 지나고 이제는 정말로 내 품에서 떠나보내야 했다. 섭섭하지만 이제는 또 다른 내 반 아이들에게만 집중해야 한다. 그 아이들의 6학년 담임에 대한 예의를 지켜야 하기 때문에 사랑의 끈은 놓아야 한다.

6학년 담임의 말을 통해 광석이의 근황은 들을 수 있었다. 성적이 좋아져서 졸업 때는 우등상도 받을 수 있을 것이란다. 내 노력이 헛되지 않았구나 보람을 느꼈다.

졸업을 앞둔 2월 어느 날 당직 근무를 하고 있는데 교무실로 광석이가 찾아왔다. 무언가를 등 뒤에 감추고 있다가 내밀었다. 공부도 못하고 까불기만 하던 자신이 이렇게 된 것은 모두 선생님 덕분이라면서 말이다.

가고 나서 포장을 뜯어보니 6학년짜리가 주는 책 선물치고는 꽤 수준이 높았다. 마음속에서 함성을 질렀다. 내가 좋아한 독일 여류작가 루이제 린저의 『생의 한가운데』였다. 막연히 2년 동안 쏟아부은 사랑의 결과가 한순간 집채만 하게 다가오는 느낌이었다. '그래, 나는 선생이야! 이제 선생님이 된 거야.'

광석이는 졸업을 했고 나는 학교를 옮겨 소식이 끊긴 채 몇 년이 지나갔다. 그런데 웬 시련인가! 1979년 봄 광석이에게서 날아온 슬픈 사연이 담긴 편지가 나를 울렸다.

고등학교 입학식을 마치고 집으로 돌아가던 길에 과속으로 달려오던 트럭에 치어 크게 다쳤다는 것이다. 머리 부상이 너무 심하여 수원의 큰 병원에서 4개월간 무의식 상태에 있다가 구사일생으로 살아났으며, 계속 약을 복용하고 있다 했다. 그렇지만 지금은 하나님의 은총으로 여기며 친구들보다 한 해 늦게 입학하여 학교에 다니고 있다는 것이다.

학교에서 이 편지를 받고는 반가움에 곧바로 뜯어서 한 줄씩 읽다 가 슴이 철렁 내려앉았고 눈물이 쏟아졌다. 반 아이들의 눈을 피해 복도 로 나와 얼마나 많은 눈물을 훔쳤는지 모른다. 고스란히 내 슬픔이었 다. 제 딴에는 그래도 희망을 잃지 않고 있으니 염려 밀라고 쓴 편지였 기에 더 가슴이 아팠다.

'오, 하나님! 이제 그만 시험을 멈추시고 그 아이가 용기와 희망을 잃 지 않게 하소서. 부서진 죽지를 주님의 날개 속에 포근히 품어 고쳐 주 소서. 4학년 개구쟁이에게 베풀었던 내 작은 사랑이 결코 헛되지 않기 를 바랍니다. 끝까지 지켜 주소서.'

나는 아직도 그 아이를 책임져야 할 것만 같은 생각으로 이렇게 기도 하고 있다.

이렇게 내 슬픔이 되었던 광석이는 삶의 바쁨 속에 묻힌 채 또 세월 이 많이 흘렀다. 서울 방배동의 신학대학교를 다니다 그만두고, 다시 평택의 피어슨 신학교에서 공부한다는 편지가 마지막이었다. 이제 잘 살고 있으려니 생각하고 있었다.

퇴직을 하고 얼마 후 그때의 제자들을 만났다. 광석이 소식을 물었 더니 교통사고 당시 뇌가 손상된 것이 문제인지 신경정신과 병원에 입원해 있다는 것이다. 청천벽력과 같은 소식이다.

광석이 어머니 연락처를 알아내서 함께 병문안 갔던 것이 2010년 9월 8일이다. 책 이름은 기억이 나지 않지만 광석이가 좋아할 만한 책을 한 권 사고, 어머니에게 드릴 용돈 봉투를 준비했다. 보호자 없이는 면회가 안 된다고 하여 어머니를 모시고 병원에 갔다. 두려웠다. 변해 있을 광석이를 대한다는 것이 겁났다. 참 슬펐다. 38년 만이었다. 면회실에서 하늘색 환자복을 입은 광석이를 마주했을 때는 말문이 막혀 버렸다. 어머니가 가지고 간 포도를 접시에 내놓으며 선생님이 오셨다고 말하자 나를 쳐다보았다. 그 속마음을 전혀 읽을 수가 없었다. 기억난다고 말하기는 하지만 얼굴에는 아무런 감정이 없었다. 건조한 몇 마디 말을 나누는 것이 전부였다. 이야기는 나누었지만 감정 소통은 전혀 없어 그 옛날의 추억 따위는 꺼낼 수조차 없었다. 표현할 수 없는 절망감으로 어머니를 집에 모셔다 드렸다.

그 후 또 8년이 지난 지금도 광석이는 병원에 있다. 광석이 어머니에게 전화를 걸었더니 아버지가 받으셨다. 이제 어머니는 81살로 치매약을 드시는 중이고 아버지는 83살이 되셨단다. 그런데 아버지는 내 이름을 또렷이 기억하고 계셨다. 선생님이 편지를 보내 주시면 광석이가 그것을 읽고 기억할 것이라며 희망을 말씀하신다. 또박또박 알려 주시는 집 주소를 받아 적었다.

'아, 다시 기적을 바라며 편지를 써야 할까? 그 옛날의 관심과 사랑이 현재형으로 그 영혼을 달래 줄 수 있을까?'

03.
군.계.일.학: 앗! 시골 학교에 이런 아이가?

현직에 있던 어느 날 집으로 전화가 왔다.

"여보세요, 김경희 선생님이시죠?"

"네, 맞는데요."

"아, 선생님 저는 ○○학교 4학년이었던 임지현입니다."

"아, 그래. 기억하지. 정말 반갑다. 어떻게 지내니?"

현재는 여의도에 살고, 회사 사보 표지에 모델로 실렸던 이야기, 결혼한 이야기, 아들이 둘이라는 등 근황을 알려 주었다. 언제 한 번 찾아 뵙겠다는 말을 하고는 전화를 끊었다.

뜻밖의 전화는 옛날 일을 떠올렸다. 첫 발령지에서 첫날 출석을 부르며 아이들 얼굴과 이름을 기억하기 위해 한 명씩 일으켜 세웠다.

"임지현!"

"네!"

'아, 이 아이는 이곳 시골 태생이 아닌가?' 앞이 트인 빨간색 스웨터를 입었고 얼굴이 하얀데다 너무나 예뻤다. 군계일학(群鷄一鶴)이라는 사자성어가 떠올랐다. 내심 놀랐으면서 태연한 척했다. 전화를 한 아이가 바로 그 임지현이다. 반갑고 나도 빨리 보고 싶었다.

당시는 아직 강남이 개발되기 전으로 여의도에 산다고 했으니 경제적으로 여유 있는 집안의 여유 있는 배우자를 만난 것 같았다. 속된 표현으로 '역시 얼굴이 예쁘니 능력 있는 남자를 만났나?' 하는 생각이 들었다. 실제로 지현이는 공부도 잘했다. 반에서 3위 안에 들 정도였다. 그때는 일제고사를 치르고 시험 성적을 통지표에 수, 우, 미, 양, 가 5단계로 표기해서 학기별로 연간 두 차례씩 나누어 주던 시절이었다.

어느 날 사회 시험지를 나누어 주고 감독을 하고 있었다. 침묵 가운데 모두 고개를 숙이고 시험에 몰입하고 있을 때, 뒤쪽에서 누군가가 순시하고 있던 내게 살며시 쪽지를 한 장 건넸다. 열어 보니 한경애, 임지현이 왼쪽 창가 아래 벽에 커닝 자료를 기록해 두었다는 것이다. 창틀 옆에 난간이 있어 벽 아래쪽은 어두워 잘 보이지 않았다. 맨 뒤에서 상황 파악을 하려고 계속 그 아이들을 주시하고 있었다. 정보를 무상으로 얻고도 대단한 탐정인 양 약간은 긴장하면서 말이다. 그런데 정말 한 아이가 열심히 벽 쪽을 주시하는 것이다. 다가가서 현장을 확인했다. 거기서 지현이가 답을 취했는지는 알 수 없었지만 그 의도 자체를 용납할 수가 없었다. 공부 잘하는 아이에게서 느끼는 배신감에 화가 났다. 무엇을 얻기 위해 양심을 버린 것일까? 그 행위 자체를 대단한 잘못으로 여기지도 않았을 아이들이기에 그런 생각의 싹은 잘라 버려야 했다. 그 자리에서 시험지를 압수했다. 그리고 모든 아이가 보는 앞에서 빨간색 색연필로 시험지 전면에 대각선 사선을 쭉 그었다.

성적표를 나누어 주어야 할 때가 되어서 내심 고민이 되었다. 정말 상위권 이 아이들 점수를 영점 처리해야 하나? 학부형 반발은 없을까? 그러나 한 번 결심한 이상 나도 교사로서 양심을 지켜야 했다. 결국 학년 말 통지표에 전 과목이 우수한 이 아이들의 사회 과목은 '미'에 동그란 도장을 찍어 내보냈다.

지금부터 45년 전 이야기를 나는 기억하고 있는데, 과연 그 아이들도 기억하고 있을까? 그러나 나는 확신한다. 적어도 그 현장을 목격했던 반 아이들에게 부당한 행동의 결과는 어떤 것이어야 하는지에 대한 삶의 옳은 가치는 심어졌을 것이라고 말이다. 당시 아이들은 선생님이 무척 원망스럽고 미웠겠지만, 이런 감정만 있지는 않을 것이다.

세월이 많이 흘렀다. 나는 퇴임을 했고 시간적 여유로움도 있었다. 2014년 6월 30일 양화진선교사묘원의 홀 안내 봉사 활동을 하고 있던 내게 정만숙, 임지현, 양승계 제자 3명이 찾아왔다.

초등학교 어린 모습에서 중년 아줌마가 된 모습이 처음에는 낯설게 느껴졌지만 이야기를 하다 보니 이내 그 시절로 돌아간 듯했다. 베트남 음식점에서 점심을 먹고 130여 년 전 선교사들을 생각하며 양화진 언덕을 돌았다. 지현이와 만숙이가 천주교 신자라서 근처 절두산 성지까지 갔다. 한강이 내려다보이는 의자에 앉아서 많은 이야기를 나누었다. 서로 그간의 사는 소식들을 전했다. 지현이와 승계는 몸이 아파 수술을 한 상태이지만 그다지 염려하지 않는다고 했다.

각자 사는 이야기는 다 비슷했다. 질병과 싸우며 가족을 위해서 성실히 살아가는 와중에 시간을 내서 보잘 것 없는 나를 찾아와 준 것이 정말로 고마웠다. 지현이에게서는 누빔 가방을 선물로 받았는데 지금도 잘 애용하고 있다. 그 가방을 들고 나설 때면 지현이 마음도 같이 따라나선다. 나는 마음속으로 기도한다. 수술 후 투병 중인 지현이랑 승계의 건강을 지켜 달라고.

04.
교사에게는 교사를 닮은 아이가 있다

어린 시절 내가 자란 곳을 회상해 보면 한 동요의 가사와 흡사하다.

시골집(권길상 작곡, 홍은순 작사)

논둑 밭둑 지나서 옥수수 밭 지나서

오솔길을 지나면 오막살이 초가집

박넝쿨이 엉켰네 조롱박이 달렸네.

박넝쿨이 엉켰네 조롱박이 달렸네.

기찻길 옆 지나서 외쪽다리 지나서

원두막을 돌치면 외딴 집 한 채

지붕에는 고추들이 빨갛게 널렸네.

지붕에는 고추들이 빨갛게 널렸네.

보자기에 책을 둘둘 말아 옷핀으로 고정시켜서 허리춤에 동여매고 십 리 길을 걸어서 학교에 다녔다. 남자아이들은 보자기를 어깨에 대각선으로 동여매었다.

도심지 학교에서 근무할 때 있었던 일이다. 어린 시절 가방이 아닌 책보를 메고 다녔던 습관으로 수업이 끝나고 무심결에 "책보 싸세요!" 했더니 맨 앞자리 남자아이 둘이서 저희끼리 히죽거렸다. "야! 선생님이 책보 싸래." 그 말을 훔쳐 듣는 순간 혼자 허리를 잡고 웃었다. 세월이 흐르고 세상이 많이 바뀌어 화사하고 다양한 모양의 책가방을 메고 다니는 아이들이 '책보'가 뭔지 알 턱이 있나? 내 유년의 비밀을 들키고 만 것 같았다. 그때 이후로 뇌리에 박힌 입버릇을 고치게 되었다.

도시 아이들과는 달리 마음껏 자연 속을 헤집으며 다니던 학교 길은 전부가 놀이터였다. 우리 마을에서는 같은 학년에 여자가 나 혼자밖에 없어서 귀가할 때 거의 외톨이었다. 논둑 밭둑 오솔길을 걸으며 구름과 나무, 시냇물, 송사리들과 이야기하면서 급할 것도 없이 다녔으니 절대로 심심할 일이 없었다. 교실에서는 숫기도 없고 허약하고 남들과 큰 소리 내서 싸움 한 번 못하는 여린 존재였다.

초임지가 6학급 작은 시골 학교다 보니 아이들 모습과 환경이 내 어릴 때와 비슷했다. 만숙이라는 아이는 얼굴이 나처럼 가무잡잡하고 말이 없었다. 수업 시간에 눈은 잘 마주치지만 수줍음이 많아 씩씩하게 발표한 적도 없다. 책을 좋아하고 글씨를 반듯하게 잘 쓰며 전 교과를 고르게 잘했지만 너무나 조용해서 별로 존재감이 없었다.

그랬던 만숙이가 40년 세월을 건너서 어른의 모습으로 나타났다. 대전의 유명한 떡집에서 산 떡을 한 상자 들고서 내가 퇴직 후 자원 봉사를 하던 경복궁 근처 한 인문학 북카페로 찾아왔다. 반갑고 놀라웠다. 그 무거운 것을 들고 낯선 곳까지 찾아온 만숙이는 4학년 때 수줍음 많던 그 아이가 아니었다. 착실한 아내이자 삼남매 엄마로 변해 있었다. 2010년 12월 만학으로 대덕대학교를 졸업하며 쓴 『내가 받은 선물』이라는 에세이를 보내왔다. 그중 한 부분을 보면 먼 길을 한달음에 달려온 그 마음을 충분히 이해할 수 있다. 에세이에 실린 내용 한 꼭지를 옮겨 본다.

그리운 선생님

모든 학년이 딱 한 반씩인 미니 초등학교. 어떤 선생님은 동네 잔칫날 술에 취해 수업도 하지 않던 그런 학교에, 내가 4학년이 될 때, 대학교를 갓 졸업한 아가씨 선생님이 부임해 오셨다. 김경희 선생님. 그분이 오시자 학교 분위기는 단번에 변해 가기 시작했다. 평소에 학생들에게 별로 관심도 없던 기존의 선생님들과 달리 까불기만 하던 어떤 남자아이가 체육 시간에 농구 볼을 골인시키자 몇 번이나 칭찬하셨던 기억이 난다. 항상 조용하고 남의 시선을 끌 일이 없던 나도 선생님과 친해지고 싶어 꾀를 냈다.

방학 숙제 끝에 다 아는 문제이면서도 "선생님 ○○○ 문제 ○○를 잘 모르겠어요." 하고 써냈더니, 개학 후 선생님은 만숙이가 그랬다 하시며, 그 후로 나를 좀 특별하게 대해 주었다.

그분은 시골 아이들이 동화책도 잘 못 읽는 현실을 알고 자비로 50권 짜리 '세계소년소녀명작집'을 교실에 사 놓고 나에게 관리를 맡겼다. 그때 책과 함께 울고 웃으며 읽었던 『소공자』, 『소공녀』, 『알프스의 소녀 하이디』 등이 생각난다.

그리운 선생님.

고등학교를 졸업하고 직장에 다닐 때 부평 모 초등학교에 계시다는 것을 알고 찾아갔었다. 선생님은 동료 교사들에게 당신의 첫 제자라며 몹시 기뻐하고 삼성전자에 다니는 것을 자랑스럽게 여겨 주었다.

지금은 어디에서 어떻게 지내시는지 궁금하고 뵙고 싶은 마음 간절하다.

북카페에서 만난 이후 메일로 사는 이야기를 세세히 주고받다 보니 사제지간(師弟之間)이 아닌 서로 코드가 맞는 친구가 되어 버렸다. 실제로 그 옛날 내 모습과 닮았던 것처럼 현재도 삶의 방향과 추구하는 가치가 많이 닮아 있다. 청출어람(靑出於藍)의 비유가 적절할지 모르겠으나 지금은 오히려 제자인 만숙이가 인생 선배이자 친정 엄마 같다. 살림의 지혜며 적극적인 삶의 자세는 내가 배워야 할 지경이다. 내 살림살이 곳곳에는 만숙이가 보내온 것들이 지금도 즐비하다. 직접 담근 마늘고추장, 쑥 가래떡, 송화버섯가루, 텃밭에서 가꾼 참깨, 건조한 비트, 한의사 아들이 만들었다는 경옥고와 공진당, 김장철에는 액젓도 달여 보내고 간식으로 호두강정, 한과까지 만들어서 택배로 보내온다. 심지어는 남편이 낚시로 잡았다는 주꾸미를 손질 후 냉동해서 보내오기도 했다. 오카리나 배우라고 악기세트와 악보도 보냈다. 시시때때로 보내온 것을 이루 다 헤아릴 수가 없다. 고마운 마음을 어찌 표현해야 할지 몰라 물건이 오면 택배기사한테라도 절하고 받아야겠다고 농담을 했다.

가정 살림뿐 아니라 밖에서는 약자를 위한 사회 봉사 활동에도 적극적이고 자신의 취미 활동에도 열심이다. 지난 연말에는 롯데콘서트홀에서 일본의 오카리나 장인 '소지로(宗次郎)'와 400여 명이 협연하는 대형 콘서트가 열린다며 초대장을 보내왔다. 덕분에 딸과 함께 근사한 콘서트홀에서 유명인의 연주를 감상하는 호사를 누렸다. 아들딸도 훌륭히 키워 내고 성실한 남편과 더불어 자기 삶도 잘 일구며 멋진 인생을 그려 가고 있다. 결코 수줍음 많고 소극적인 아이로 그 인생이 묶여 있지는 않았다. 그녀에게 이런 적극적이고 활동적인 면이 있을 줄이야. 내가 전혀 감지하지 못했던 모습이다.

이제 더 이상 빚지게 하지 말라 했더니 자신은 그 옛날 받은 것을 되갚아 가고 있을 뿐이란다. 나는 별로 준 것이 없는데도 말이다. 2017년 4월에 보내온 택배 사이에 노란색 카드가 한 장 들어 있었다.

10만 개의 문이 닫혀 있어도

단 하나만 열려 있으면 괜찮다.

10만 개의 창이 닫혀 있어도

단 하나만 열려 있으면 괜찮다.

10만 명 사람들이 모두 낯설면 또 어떠랴.

단 한 사람 너무나 잘 알면 되지.

이 세상에, 나에게 수많은 선생님들 중에

내 마음속에 빛나고 있는 선생님이 계셔서

감사하고 행복합니다.

— 만숙

어릴 적 나를 닮았다고 생각했던 제자가 이제는 내 스승 같고 친정 엄마 같다. 시간이 지날수록 부족한 내 모습이 드러나며 부끄러워진다. 적게 뿌리고 너무 많이 거두는 과분함에 그저 감사할 뿐이다.

05.
빨간 장미 한 송이로 시작된 아이들과 재회

눈망울이 초롱초롱하고 아주 귀여운 성환이는 맨 앞자리를 지켰다. 작은 체구에 동작이 빠른 편이었고 운동을 좋아했다. 5교시 시작종이 울리도록 뛰어놀다가 땀범벅이 되어 늦게 들어오기도 했다. 누군가를 지배하고 군림하려는 성향은 없었지만 기본을 지켜 나가는 성실함으로 크게 꾸중 듣는 일도 없었다. 순하고 착해서 남에게 신경 거슬리는 짓은 하지 않았으니, 친구들 사이에서도 싸움이 생길 소지가 없었다. 심하게 말썽이라도 부렸다면 내 관심 속 주인공이 되었을 테지만, 그저 조용하고 귀여운 아이였다. 간혹 기대 이상으로 잘한 수학 점수로 나를 놀라게 한 적도 있었지만, 겉보기에는 그렇게 성취 욕구가 강해 보이지 않았다. 속내를 드러내지 않아서 그래 보였을까? 어쨌든 튀는 아이는 아니었다.

그랬던 성환이가 19년이 지나 '스승의 날'에 나를 찾아왔다. 뜻밖이었다. 그동안 연락이 있었던 것도 아니었으니 놀랄 수밖에 없었다. 어떻게 서울의 내 근무지를 알았을까? 만남 자체만으로도 감동이었는데 빨간 장미꽃 한 송이와 연극 티켓이 들어 있는 봉투를 내밀었다. 인근의 목일중학교에서 수학 선생님으로 근무하고 있다는 말에 더욱 반가웠다. 치음 연애할 때의 설렘처럼 흥분되었다. '아, 내가 이런 것을 스승의 날에 받을 만한 자격이 있을까?' 동료 선생님들에게는 자랑 삼아 이야기했지만 너무나 부족한 것이 많은 그저 그런 선생이었을 뿐이다. 연극 공연 날짜에 맞추어 호암아트홀에서 하는 아서 밀러 원작의 〈어느 세일즈맨의 죽음〉을 남편과 보러 갔다. 이렇게 우리 데이트 시간까지 선물해 주는 멋진 제자가 있음을 과시하면서 말이다.

그다음 해에는 넓은 정원이 있는 한 음식점으로 나를 초대했다. 꽃다발을 준비한 채 미리 나와서 나를 맞이했다. 감동이었다. 때로는 책 선물도 받았다. 어떻게 내게 이런 제자를 선물해 주셨을까? 나는 별로 해 준 것이 없는데 너무 많이 받고 있는 느낌이다.

그 후 내가 근무지를 옮겨 전근한 학교는 성환이가 근무하는 학교 바로 옆이었다. 한 학기가 마무리되던 7월 어느 날 방과 후, 큰 수박 두 통이 배달되었다. 같은 학년 선생님들과 시원하게 드시라고 보냈단다. 한 통은 교무실로 보내고, 다른 한 통은 같은 학년 선생님들과 쪼개 먹으며 더위를 식혔다. 또 제자 자랑으로 수다도 떨었다. 이것도 팔불출에 속할까?

가끔 만날 기회가 생겨 밥도 같이 먹고 볼링도 같이 했다. 성환이는 어릴 때 칭찬받은 말을 지금까지도 기억하고 있었다. 칭찬은 고래도 춤추게 한다는 말처럼 칭찬은 듣는 이의 가슴속에 좋은 감정으로 참 오래 남는다. 내 경우만 보아도 그렇다. 성환이는 유치원 교사인 아내와 두 딸, 그리고 막내로 아들을 두었다고 했다. 성실한 남편이자 아빠임이 분명하다.

성환이 주선으로 반 모임 인터넷 카페도 만들어 다른 제자들을 만날 기회도 생겼다. 명예퇴직 후 59살 되던 해에 생애 최초로 나이 숫자만큼 장미 꽃다발도 받았다. 이미 아저씨, 아줌마가 된 자랑스러운 제자들을 만나 타임머신을 타고 그 옛날로 돌아가는 꿈같은 시간이었다. 나는 행운을 잡은 전직 교사다. 사제지간이 아니라 유년의 티를 확 벗고 새로운 얼굴로 변한 그들과 인생을 논하는 친구로 발전했다.

카페 '추억 마당'에는 그들의 유년 시절에 있었던 생생한 추억담이 많이 있다. 많은 댓글은 내 유년 시절의 영상을 보는 듯했다. 그중 성환이가 쓴 글이 내 시선을 끌었다. 바로 내 이야기였기 때문이다.

동화 속의 주인공

— 박성환

1. 내가 12살 초등학교 5학년 시절

우리의 담임 선생님은 우리 학교에서 가장 젊으신 여선생님이셨다. 젊어서도 좋았지만 그보다도 더 좋았던 것은 기존의 선생님들과는 뭔가 다른 교육 방법이었다.

그때는 어려서 잘은 몰랐지만 그냥 느낌으로 무언가 새롭고 신선하다는 생각이 들었고, 무엇보다도 가장 좋았던 것은 선생님께서 사비를 들여 장만하셨다는 '세계소년소녀명작집'이었다.

그리 높은 산도 넓은 강도 없던 평탄한 평야지대의 농촌에서 나고 자란 우물 안의 개구리였던 우리들은 책을 통해 더 넓은 세상이 있다는 것과 신기하고 재미있는 일들이 세상에는 많다는 것을 새롭게 깨닫기 시작했다.

마치 알에서 껍질을 깨고 나온 병아리처럼……

선생님께서 시간이 있을 때마다 읽어 주시던 동화책 속에는 상상만으로도 신나고 즐거운 모험과 환상이 가득했다.

나는 애꾸눈 해적이 되어 드넓고 거친 바다를 종횡무진하는 모험가가 되기도 했으며, 하늘을 마음껏 날아오르는 꿈을 꾸었고, 품위가 있어 보이는 새침데기 소공자가 되기도 하고 칼잡이 삼총사가 되기도 했다.

2. 그로부터 20여 년이 더 흐른 후의 어느 날

213! 볼링 점수 213!

나는 이 점수가 어느 정도로 잘한 것인지 정확히 알지 못한다.

하지만 분명한 것은 지금도 내가 가지고 있는 볼링점수 신기록이라는 점이다.

그날! 그러니까 내가 초등학교 5학년 때 담임 선생님이셨던 김경희 선생님을 만나 볼링을 둘이서 치게 되었던 날!

나는 예전 그 동화 속의 주인공이 되어 있었다.

초등학교 5학년 때 동화책을 읽어 주시던 선생님과 20여 년이 더 지난 후 함께 볼링을 치고 있다는 사실이 동화 속 이야기처럼 느껴졌다.

나는 하늘을 나는 듯 몸이 가벼웠고 그냥 대충 공을 던지는 데도 이상하리만치 너무나 잘 맞는 것이었다.

그날 나는 실제로 동화 속 주인공이 되어 있었다.

3. 초등학교 5학년에서 36년이 흐른 2010년 4월 17일 토요일

우리 초등 동창들이 초등학교 5학년 때 담임 선생님이셨던 김경희 선생님을 함께 만나던 날!

우리 모두가 동화 속의 주인공이 되었던 날이었다.

이렇게 이어진 관계는 아직도 현재형이다. 이번 스승의 날도 어김 없이 전화가 왔다.

"선생님, 박성환입니다. 건강하시죠?"

해마다 스승의 날이면 한 해도 거르지 않고 안부를 물어 온다. 지금 은 시내 여러 학교를 거쳐서 은평구 진관중학교 교감 선생님이 되었다. 아마도 존경받는 스승으로 그를 찾는 제자가 많을 것이다. 내게 하는 것을 보면 말이다.

돌아보면 소름 끼치는 일이다. 교직이란 얼마나 막중한 책임이 따 르는 직업인가? 무심코 던지는 한마디가 한 인생의 이정표도 될 수 있 고 평생의 상처로 남을 수도 있으니 말이다. 잘못 던진 말은 세월과 함 께 흘러가 버려 회복할 기회가 없어서 치명적이다. 이제 생각하니 교직 은 무한 가능성의 인격체를 조심스럽게 다듬어 가는 막중한 일이며, 단 순히 직업으로서 의미를 넘어 소명 의식이 있어야 한다.

오늘도 성환이가 근무했던 목일중학교 뒤편 마로니에 산책로를 걸 으며, 부모가 자식과 함께 성장해 가듯 나도 제자들을 생각하며 잘 늙 어 가야겠다는 성찰의 시간을 갖는다.

06.
'김경희'라는 이름을 선물로 받다

서울에서 공항철도를 타고 달리다 보면 검암역이 있고, 그 역에서 15분 거리에 '행복한 성산교회'가 있다. 담임목사 이름은 김범수로, 많은 제자 중에 목사가 있다는 것은 기독교인인 나로서는 너무나 고맙고 감사한 일이다. 다음은 범수가 자신들의 반 모임 카페에 올린 글이다.

5학년 김경희 선생님

남학생들한테 인기를 독차지했던 선생님
금요일 오후 특별 시간에 책을 읽어 주셨던 기억이 새롭다.
15소년의 표류기, 검은 해적의 최후들을 읽어 줄 때마다 우리들은 책 속의 세계로 푹 빠졌었는데, 그 시간을 얼마나 기다렸던가?

그때의 좋은 영향으로 늘 책을 가까이하게 되어 내게는 너무나 감사한 선생님

난로 옆에서 같이 시험지 채점하자고 해서 채점을 도울 때 난 그때부터 선생님을 좋아했는데 그 영향으로 조금은 체격이 통통한 여성이 좋더라.

겨울에는 눈싸움을 시키시며 낭만적이셨던 처녀 선생님, 큰 안경으로 우리의 마음을 아름답게 가꾸어 주신 선생님

서울에서 사신다 하는데 조만간 볼 수 있겠지.

목사님 신분이 된 제자 범수가 내이름으로 지어준 4행시

김경희님 팽성읍의 작은마을 노와초등 학교에서
비가오나 눈이오나 수년동안 거닐었던 논두렁길
순박했던 소년소녀 사랑으로 믿음으로 꿈을주며
조각하니 세워흘러 어른되어 만나자고 약속하니
엣추어의 모든것이 새로웁고 기쁨되니 感謝하네

경천근민 그모습이 퇴직후에 우리들의 지표되고
마흔일곱 어른되어 자랐것만 선생님은 영원하네
주의사랑 주의은혜 매일매일 충만하게 채우면서
주안에서 기뻐하고 많은사람 부요하게 이끌면서
온유하고 진실하게 소망주며 기쁨주는 스승되리

· 敬天勤民 (경천근민) - 하나님을 공경하고 백성을 다스리기에 부지런함.

희망주신 선생님의 동화소리 기쁨주신 희망소리
예순세명 아이들이 기억하며 힘들때나 어려울때
슬프거나 외로울때 승리하는 비타민이 되었으니
그사랑과 그헌신이 영원토록 제자들의 마음판에
새겨져서 가르침을 자녀에게 심어주네 할렐루야

5학년 1반 22번 金範洙

노와국민학교(현 부용초등학교)를 떠난 후 범수를 다시 만난 것은 36년이란 세월이 흐른 후다. 피차 겉모습은 많이 변했지만 마음은 5학년 그 시절로 돌아가 다시 선생이 되고 학생이 되었다. 함께 자리한 친구들의 이야기꽃은 피고 또 피고 목숨을 부지하기 위한 천일야화도 아닌데 끝없이 이어지며 마냥 즐거웠다. 그날 범수가 내게 준 것은 아주 특별했다. 내 이름 석 자로 15줄로 된 4언 절구로 시를 지어 액자에 넣은 것이다. 그 시를 읽다 보면 절로 웃음이 나온다. 마음과 정성을 담은 아주 특별한 선물이었다.

범수가 목사 안수를 받고 검암에서 목회를 시작한다는 연락을 받았다. 2010년 5월 22일에 설립예배를 드린다는 초대장을 받았다. 축하 화분을 미리 보내 놓고 당일에 내 딴에는 꽃단장을 하고 설레는 마음으로 참석했다. 상가 건물 2층에 아담하게 꾸며져 가정교회 같은 따뜻한 분위기였다. 그날은 참석한 분들이 많아 축제 분위기였다. 맛있게 식사도 하고 기념 촬영도 하며 북적북적했다. 그러나 항상 그렇지는 않을 것이다. 비록 번듯한 독채 건물이 아닐지라도, 자리를 다 채우지 못한 채 예배할지라도 한 영혼을 천하보다 귀하게 여기는 하나님의 마음으로 가득 채워진다면 그곳이 바로 천국일 것이다.

어린 시절의 가난을 이겨 내고 목회자의 길을 택한 범수라면 충분히 하나님 마음에 합당한 목회자의 길을 갈 것이다. 물질의 노예가 된 피곤한 영혼들을 충분히 위로하고 바로 세워 줄 것이다.

금싸라기 땅에 화려하게 지어져 세간의 눈총을 받는 대형교회 목사가 아니라서 더 마음이 간다. 작은 공동체 안에서 진정한 사랑이 꽃 피워져 세상의 소금과 빛이 되는 교회가 될 것이라고 믿는다. 예수님은 낮고 비천한 곳에 임하셔서 그들과 동행하신다지 않는가?

영혼의 천국 축제가 '행복한 성산교회' 바로 그곳에서 날마다 벌어지기를 기도한다. 아주 특별한 선물로 나를 기쁘게 했던 김범수 목사님 "사랑합니다!"

07.
제자들이 결혼식 축가를 불러 주다

내가 주로 책을 읽거나 글을 쓰는 책상 위쪽 벽에는 '성 프란체스코 평화의 기도문'을 궁체로 쓴 서예 작품이 걸려 있다. 이 작품은 서예를 가르쳐 주신 스승님이자 국전 초대작가인 늘불 정재덕 선생님께서 써 주셨다. 가끔 하던 일을 멈추고 올려다보면 무반주 남성 중창의 아름다운 멜로디가 들리는 듯하다.

"나를 당신의 도구로 써 주소서.
미움이 있는 곳에 사랑을
다툼이 있는 곳에 용서를
분열이 있는 곳에 일치를
그릇됨이 있는 곳에 진리를

의혹이 있는 곳에 신앙을

절망이 있는 곳에 희망을

어둠에 빛을

슬픔이 있는 곳에 기쁨을 가져오는 자 되게 하소서.

위로받기보다는 위로하고

이해받기보다는 이해하고

사랑받기보다는 사랑하게 하여 주소서.

우리는 줌으로써 받고 용서함으로써 용서받으며

자기를 버리고 죽음으로써 영생을 얻기 때문입니다."

내 결혼식에서 당시 고등학생이 된 6학년 때 제자가 친구들과 함께
이 기도문을 축가로 불러 주었다. 결혼 당일 사회자가 축가 순서라고
했을 때 무슨 노래로 축하할지, 과연 아이들이 실수 없이 해낼 수 있을
지 조마조마했다. 담임일 때 그 제자가 특별히 노래를 잘한다고 생각한

적이 없었기 때문이다. 요즘은 신랑신부를 바라보며 노래를 부르기 때문에 반응도 볼 수 있는데, 그때는 신랑신부는 주례를 향해 그대로 세워 놓고 축가 부르는 사람은 하객을 향해 섰다. 축하받을 사람의 등 뒤에서 축가를 부른 셈이다.

한 녀석이 피아노 쪽으로 가서 '통!' 하고 첫 음을 쳤다. 잠시 침묵이 흐르더니 반주 없이 묵직한 남성 중창의 노래가 터져 나왔다. 아! 나는 첫 소절만 듣고도 감동을 받았다. 평소에 좋아하던 곡으로 내가 아끼는 제자의 목소리로 축하받다니, 놀랍도록 잘 불렀다. 축가가 끝나고 하객들은 엄청 큰 박수로 환호했다. 주객이 전도된 느낌이었다.

그리고 10년도 더 지난 후 특별히 부탁한 것도 아닌데 서예 선생님도 이 기도문을 써 주셨다. 우연의 일치치고는 너무나 신기했다. 내용이 좋아서 다짐처럼 생각하며 자주 읊조리는 기도문이다. 그때 결혼 축가를 주선한 제자 권택중은 인천 서구의 변두리에 있는 석남초등학교에 재직할 때 6학년 4반 내 반 학생이었다.

신학기 초에는 으레 임원 선거를 거쳐 학급 반장과 부반장을 뽑는다. 우리 반에는 육성회장 아들도 있었고, 해마다 반장을 하여 그 이름과 얼굴이 잘 알려진 관록이 붙은 아이도 있었다. 대개 했던 아이들이 또 반장으로 선출되는 사례가 많았다. 임원 선거는 선생님과 친구들 추천, 자천으로 후보를 세워 투표하는 방식이다. 나는 그것을 자천만으로 후보를 세워 투표하는 방식으로 살짝 바꾸었다. 나름 상식을 깨고 파격적인 방법을 취한 것이다. 행여 책임감이 전혀 없는 아이가 나서서 반장으로 선출되기라도 하면 곤란하기 때문에 임원으로서 자질과 책임감에 대해 장황하게 설명했다. 그리고 스스로 반장을 해 보겠다는 각오가 선 사람은 손을 들도록 했더니 몇 명이 손을 들었다. 권택중은 바로 그중 한 명이다.

물론 그때까지 임원을 한 경험은 없었지만, 큰 용기를 냈던 것 같다. 그런데 늘 하던 아이들은 아무도 손을 들지 않았다. 특별히 누가 되기를 바란 것도 아니고 선거 방식도 언급했기 때문에 그대로 투표를 진행했다. 그렇게 해서 택중이가 반장으로 선출되었다. 담임 재량의 변칙이 오늘날 같으면 통하지 않았을지도 모른다. 교장 선생님께 항의 전화를 하면서 소란이 일어났을 수도 있을 것이다. 하지만 아무런 문제도 일어나지 않았다. 스스로 나설 수 있도록 누구에게나 문은 열려 있었기 때문일 것이다.

택중이는 태권도 유단자였고 외모는 요즘 아이돌처럼 예쁘게 생겼다. 생활기록부를 보니 아주 상위권 성적은 아니었지만 생활 면에서는 반장을 하기에 부족함이 없었다. 다음 날부터 택중이는 완전히 달라졌다. 솔선수범이 무엇인지를 확실히 보여 주었다. 내가 말하기도 전에 알아서 척척 학급 일을 했다. 아침 일찍 등교하여 교내 휴지를 줍고 아침 운동을 한 후 수업에 임했다. 평소 단짝이었던 친구도 가세하다 보니 학급 분위기도 달라지고 대부분의 아이가 협조했다. 평소 교내의 정원 가꾸기에 여념이 없어 늘 밖에서 활동하던 교장 선생님까지 우리 반 칭찬을 아끼지 않으셨다. 여학생들은 어느새 교장 선생님과 친해져 어느 날은 교장 선생님을 졸라 서울로 나들이까지 왔다. 당혹스러웠다. 평소 교장 선생님은 근엄하셔서 쉽게 다가갈 수 없었는데, 아이들이 아마도 손녀 같이 사랑스럽게 느껴졌던 모양이다. 동작동 국립묘지에서 참배도 하고 기념 촬영도 하고 나름대로 추억을 만들었다.

그 학교 주변은 산이었고 울타리 안에도 수목이 많았다. 교정이 아름다운 우수 학교로 표창을 받기도 했다. 우거진 수목 아래에는 토끼들이 자유롭게 뛰놀았는데, 나중에는 수가 많아져 학교 아저씨들이 도망가는 토끼를 잡아 물감을 묻히며 마릿수를 세기도 했다. 사육장에서 염소 등 많은 동물을 길러서 고학년이 순번을 정해 주변 풀밭으로 먹이를 뜨러 나갔다. 이때 진흙탕 길이 나오면 택중이는 여선생인 나를 배려해서 "선생님은 신발에 흙 묻으니까 여기 쉬시면서 기다리세요." 하고 배려를 해 주었다. 제 딴에는 남자라고 말이다.

　크리스마스를 앞두고는 미술 시간을 이용해서 다 함께 크리스마스 트리를 만들었다. 교장 선생님께 허락을 받고는 교정 한가운데 현관으로 들어가는 양 옆의 나무 두 그루를 화려하게 꾸몄다. 너도나도 그 앞에서 포즈를 취하며 사진을 찍었다. 반짝이 색지 한 장이라도 함께 붙였다는 뿌듯함은 공동체 속에서 협동 작품을 만들었다는 자부심 그 자체라고 생각한다. 두고두고 유년의 기억 속에 아름답게 남아 있을 것이다.

스스로 나서서 반장이 되었고 그 책임을 완수하기 위해 최선을 다하여 솔선수범한 사람의 노력이 얼마나 중요한지 보여 주는 사례가 되었다. 그 영향으로 학년이 끝날 때까지 학급 분위기는 계속 좋았고 교장 선생님도 인정한 모범 학급이 되었다. 졸업식 날 눈이 빨개지도록 우는 아이들을 보며 나도 벽면을 향해 등을 돌리고 얼마나 눈물을 흘렸는지 모른다. 함께한 각자의 인생 여정에도 긍정의 마인드가 심어져 자라고 있다면 그것이 바로 눈에 보이지 않는 교육의 힘이 아닐까. 경찰공무원이 되겠다는 당시 꿈은 이루었을지 궁금하다. 이루었다면 분명히 민중의 지팡이로 시민의 안전을 지켜 주고 있으리라.

수학여행 버스 안에서 찍어 보내 준 검정 교복을 입은 사진을 꺼내 보며 그때 추억에 빠져든다. 무반주 남성 중창의 아름다운 화음이 귓가에 들리는 듯하여 저절로 미소가 지어진다.

08.
시내버스에서 제자와 운명처럼 만나다

현미는 교문 앞 문방구 집 딸이었다. 조용한 성격이지만 속이 꽉 찬 모범생이었다. 학업 성적은 둘째가라면 서러울 정도로 거의 선두를 지켰다. 수업 시간에는 한눈팔지 않고 집중하는 시선으로 교사를 긴장시켰다. 선생을 게으름 피울 수 없게 하며 실수를 용납하지 않는 감독자라고 해도 될 정도다. 우리 집에 와서 아이들과 놀아 주기도 했다. 가끔 편지를 주고받았고 편지 속에 아들딸 민우와 민주의 안부를 꼭 챙겨 물었다.

그러다가 언젠가부터 소식이 끊겼고, 거의 잊힐 무렵 정말로 우연하게 서울의 시내버스 안에서 운명처럼 만났다. 승객이 별로 없던 서울 강서구의 시내버스 안에서 우연히 시선이 마주쳤는데, 순간 우리는 서로 낯선 사람이 아님을 감지했다. "혹시 선생님 아니세요?", "그래, 너

현미 아니니?" 이 넓은 서울 하늘 아래서 약속한 것도 아닌데 그것도 시내버스 안에서 서로 잊힐 즈음에 다시 만난 것이다.

나는 인천을 떠나 서울 양천구 소재의 학교에서 근무하고 있었고, 건너온 세월만큼 서로의 삶은 변해 있었다. 그때 현미는 결혼을 앞두고 있다 했다. 학원 강사로 일하다 선교의 꿈을 안고 영국에 가서 수련을 받았고, 그곳에서 결혼할 남자를 만났다고 했다. 결혼식을 올리면 곧바로 남아공으로 떠난다고도 했다. 결혼식에는 참석하지 못하지만 출국하기 전에 한 번 만나기로 약속했다. 무엇을 선물하면 좋을까 궁리한 끝에 구급상자를 준비해서 목동에 있는 패밀리 레스토랑에서 현미 부부를 만났다. 아무나 할 수 없는 길을 택한 그들이 존경스러웠다. 그때는 그곳에 가서 하나님의 말씀을 전하고 현지인 목회자를 세우면 한국으로 돌아올 계획이라고 했다. 잘 다녀오라는 악수를 나눈 지 20년이 넘었다.

그사이 선교사로 타지 생활을 하며 두 아들을 키워 냈다. 그곳 학교에서도 두각을 나타냈던 큰아들은 올해 프리토리아대학교에 좋은 성적으로 입학해서 제 몫을 잘 감당하고 있다 한다. 지난 4월에 부부는 둘째 아들의 병역 문제를 해결하기 위해 잠시 귀국했다. 아주 어릴 때 보고 자란 후에는 사진으로만 본 윤혁이를 보는 순간 무슨 말을 건네야 할지 참 당황스러웠다. 외모는 잘생긴 준수한 청년이지만 정신 연령은 5~6살 수준인 중증 자폐 2급인 장애아였다. 무언가에 짓눌리는 느낌으로 받아들이기가 참 힘들었다. 윤혁이를 대면할 마음의 준비를 못했기에 방법을 잘 몰랐다. 하나님의 일을 하는 이 부부에게 왜 이런 힘든 과제를 안겨 주셨나? 항공료가 부담스러웠지만 윤혁이가 처음 하는 장거리 비행이라 둘이서 같이 올 수밖에 없었다고 한다. 그 부부는 지난 세월이 얼마나 힘들었을까? 속으로는 애를 많이 태웠겠지만 겉으로는 의연했다.

통인동 재래시장을 구경하고 점심을 먹었다. 오랜만에 경복궁을 둘러보며 산책하는 동안 윤혁이는 길을 잃지 않으려고 주변을 살피며 잘 따라다녔다. 윤혁이를 보듬으며 따뜻한 대화를 나누고 싶었지만, 잘되지 않아서 안타깝고 마음이 아팠다. 말은 하지 않았지만 성품이 온유해 보였다. 부부가 지혜롭게 윤혁이 수준에 맞추어 마음에 상처 없이 잘 키운 것 같았다. 부부는 지적 능력이 부족한 아이에게 정상 아이들과 같은 능력을 요구하는 것은 어리석은 일이라고 생각하여 편하게 키웠다고 한다. 하나님이 주신 연약한 생명을 하나님 마음으로 품어 기른 그들이 참 훌륭해 보였다. 부부가 윤혁이를 바라보는 시선은 인자한 예수님의 시선이었다. 나는 당황했지만 그 부부는 오히려 의연하고 여느 부모와 다를 것이 없었다.

내 사진첩에는 서울 나들이를 온 6학년 반 아이들이 경복궁에서 찍은 사진이 있다. 그 후 39년 만에 현미는 가족과 함께 그 장소에 다시 왔다. 궁궐 여기저기를 수리하고 있어 좀 아쉬웠지만, 오랫동안 만나지 못한 제자와의 특별한 만남이기에 더 소중했다. 옛이야기와 남아공에서 생활한 이야기들을 나누며 모처럼 고궁을 산책했고 귀한 선물도 받았다. 남아공 교회 청년이 돌을 쪼아 만들었다는 묵직한 십자가 돌 조각품을 내 손에 안겨 주었다. 마음에 쏙 들었다. 장거리 이동 중에 돌 조각이 행여 깨질까 봐 신경이 많이 쓰였다고 한다. 그 선물과 함께 몇 갑절의 따뜻한 마음도 같이 받았다.

모아 놓은 돈도 없이 자비량 선교를 시작했으니 타국 생활이 매우 힘들었을 것이다. 그동안 매달 아주 조금씩 선교 후원금을 보내고 있었다. 그러다 기왕이면 더 많이 보내고 싶어서 내 성격상 정말 맞지 않는 교회 구역장을 자청하기도 했다. 그렇게 해서 구역에서도 동참하여 선교 후원금을 보탰다. 시내버스 안에서 운명처럼 만난 것이 내 미지근한 신앙생활을 단단히 세우는 계기가 되었다. 이후로 구역장을 하다 보니 성경도 더 열심히 읽고 기도 생활도 부지런히 할 수밖에 없었다. 내 의지가 아닌 상황으로 엮여졌지만 멀리서나마 선교에 동참할 수 있게 된 것과 바른 신앙생활에 대한 작은 깨달음을 가진 것은 순전히 현미 부부 덕분이다. 내가 참 고마워할 일이다.

현재 나는 100주년기념교회에 소속되어 양화진선교사묘원을 찾는 방문객에게 안내 봉사를 하고 있다. 주로 국내 기독교인이 방문하지만 외국인 또는 해외에서 복음을 전하는 분들이 잠시 귀국하여 들르거나 선교사 자녀들이 방문할 때면 현미 부부를 떠올리며 마음과 정성을 다하여 안내한다. 130여 년 전 미지의 땅 조선으로 와서 기독교 복음을 전했던 선교사들의 거룩한 희생정신이 반대로 남아공 흑인 마을에서도 펼쳐지고 있음을 생각하게 된다. 후원만으로는 너무 부족하여 한국에 있을 때 학원 강사로 일했던 경험을 살려 그곳 재외공관 한국인 자녀들을 가르치며 바쁘게 생활한다고 했다. 현미의 가르침을 받은 아이들의 대학 입시 성적도 좋아서 꽤 신뢰받는 선생님으로 프랑스 출신 학생도 가르친다고 했다. 그것도 수학을 영어로 가르치고 있다니 참 대단하다. 남편은 인공 심장 박동 조율기를 달고 있어서 몇 년에 한 번씩 교체하러 한국을 방문한다. 여러 가지 어려운 여건에도 그들의 복음 사역은 멈추지 않고 계속된다. 부부는 자신들의 사명으로 여기며 날마다 하나님을 향하여 더 가까이, 세상 끝까지 더 널리 복음 전하는 일에 힘쓴다.

현미는 재능이 많다. 특히 글재주가 많다. 언젠가는 남아공에서 힘들고 고단했던 이야기, 복음 전하며 경험한 의미 있는 이야기들을 꼭 책으로 엮을 수 있기를 기대한다.

19세기 말 조선에 와서 헌신적인 삶을 살았고 오늘날까지 그 이름을 남긴 선교사들의 발자취가 한국 기독교 역사에 뚜렷이 새겨진 것처럼 남아공 하늘 아래에는 현미 부부의 발자취가 길이 남기를 바란다.

다음은 남아공에서 남편인 임원빈 선교사가 메일로 전해 온 소식이다.

여호와께 감사하라, 그는 선하시며 그 인자하심이 영원함이로다

(시편 136:1)

선생님 그동안 평안하셨는지요?

한국의 유례없는 무더위 소식을 듣습니다. 선교지 교회 성도들이 추위로 인해 감기로 고생하는 모습을 보고 참 거리가 멀다는 것을 새삼 실감하며 선교 소식을 전합니다.

1. 드크론 은혜교회

은혜교회가 꾸준히 성장하고 있습니다. 처음에는 아무것도 모르던 성도들이 정말 가난하고 어렵지만 이제는 불평보다는 같이 통성으로 이웃을 위해 기도하고 한국 교회를 위해 기도합니다. 이처럼 변화되는 모습을 보며 주님께 감사와 찬양드립니다. 유년 주일학교 예배는 김현미 선교사가 어른 예배 시간에 마당에서 아이들과 드리고 있습니다.

열심히 찬양하고 말씀을 듣는 아이들의 모습이 참 아름답습니다.

현재 남아공의 날씨는 일교차가 심하고 계속된 추위로 인해 성도들과 자녀들이 감기로 힘들어 하고 있는 중에 하나로교회에서 담요를 기증해 주셨습니다. 온 교회 성도들이 기쁨으로 하나님과 하나로교회에 감사를 드리며 함께 통성으로 기도하는 시간을 가졌습니다. 다시 한 번 감사드립니다.

계속해서 교회 성도들과 아이들이 믿음으로 잘 성장하고 그리스도인으로 살아갈 수 있도록 기도해 주시기를 바랍니다.

주일 예배 모습

2. 몰로토 능력교회

주일 예배 모습

몰로토 능력교회가 2월 헌당 예배 이후 꾸준히 성장하고 있습니다. 패트릭 목사님과 성도들이 열심히 수요일과 금요일에 지역 전도와 특별 집회를 통해 지역에도 좋은 소문이 나고 있습니다. 제가 주중 성경 공부를 진행합니다. 청소년과 장년 리더를 양육하는 프로그램입니다.

앞으로 계속해서 교회가 잘 성장하고 교회 리더들이 잘 세워질 수 있도록 기도해 주시기를 바랍니다.

3. 부쉬쉐빌 제2능력교회

부쉬쉐빌 제2능력교회 건축 모습

제2능력교회가 6월 18일 교회 건축을 시작했습니다. 본당 150석 정도
의 규모로 300여 평의 대지 위에 건축이 시작되어 현재 계획대로 순조
롭게 잘 진행되고 있습니다. 성도들이 건축 이후 제2능력교회가 지역
에 빛과 소금의 역할을 감당할 수 있기를 꿈꾸며 기도하고 있습니다.
교회가 건축되면 일정 기간 제가 마샹구 목사와 함께하며 지도하고 훈
련시킨 후에 담임 목사로 세울 예정입니다. 함께 사역하는 동안 잘 가
르치며 훈련받을 수 있도록 함께 기도해 주시기를 바랍니다.

4. 가족 이야기

저희 가족은 주님의 돌보심과 함께 기도해 주시는 교회와 성도님들의 은혜로 안전하게 잘 지내고 있습니다. 남아공에서 태어나고 자란 두 아들의 병역을 이제 해결해야 해서 지난 4월에 한국을 방문해서 둘째 아들 윤혁이가 장애인 등록을 잘 마쳤습니다. 큰아들 도혁이도 7월 초 방학을 맞아 열흘 일정으로 한국을 방문하여 병역 신체검사를 잘 끝내고 돌아와 개강을 하여 학교를 다니고 있습니다.

현재 남아공은 불안정한 경제와 정치 상황으로 인해 현지인들의 불만이 극에 달해 있습니다. 40%에 이르는 실업률과 정확한 통계조차 알 수 없는 HIV 감염률 등으로 인해 치안이 날로 악화되고 있습니다. 늘 집에서나 사역지를 다닐 때 안전과 가족의 건강을 위해 기도해 주시기를 바랍니다.

늘 함께 기도하며 주님의 일을 행할 수 있음을 감사드립니다. 다음에는 더 큰 기쁨의 열매를 나눌 수 있기를 소망하며 2018년 7월 남아공에서 임원빈, 김현미, 도혁, 윤혁 드립니다.

5. 기도 제목

1) 제2능력교회 건축이 잘 진행되어질 수 있도록

2) 은혜교회, 능력교회, 제2능력교회가 주님의 은혜 가운데 잘 성장할 수 있도록

3) 저희 가정이 윤혁이를 향하신 주님의 뜻에 맞추어 양육할 수 있도록

4) 저희 부부가 현지인들을 주님이 주시는 지혜로 잘 양육할 수 있도록

2부.

교사와 아이의 특별한 만남
: 그때 아이들, 지금 제자들

이.
'국가에 대한 경례'를 하면서 교실에 들어온 아이

학생들에게 3월은 새로운 만남이 있고, 나름대로 기대를 갖고 자신과 약속을 다짐하는 달이기도 하다.

첫날은 선생님도 설레고 아이들도 설레는 첫선을 보는 날이다. 아마도 선생은 근엄해 보이려 애쓰고, 학생들은 모범생으로 눈에 띄려고 애쓰지 않을까? 어떻게 하면 선생님이 자신의 이름을 기억하고 불러 줄까 하는 마음일 것이다. 우리 반 분위기는 조금 자유로웠는데, 가끔은 수습하기가 힘들었다. 그래서 무섭고 카리스마 있는 선생이 되려고 애썼던 기억이 난다. 얼굴에서 웃음기를 걷어 내고 아이들이 긴장의 끈을 풀지 않도록 학급 분위기를 다잡아 보고 싶었기 때문이다. 그러나 한 주일이 지나기도 전에 내 본성으로 돌아와 버린다. 터져 나오는 웃음을 아이들에게 들키지 않으려고 칠판을 향해 등을 돌리고 서서 혀를

깨물던 웃음이 헤픈 선생이었다. 결국은 무언의 폭력으로 숨도 크게 못 쉬는 교실 분위기가 최상은 아니라는 논리를 펴며 나 자신을 합리화시켰다.

장기적으로 보았을 때 학업 성취도나 생활 태도는 꼭 무섭게 한다고 변하는 것은 아니다. 개성대로 수업 분위기를 만들어 가야지 남을 흉내 낼 수는 없었다. 무서울 때는 무섭고 친근할 때는 친근한 선생님의 모습을 지켜 나가기로 마음먹었다. 이런 생각으로 시작한 새 학년 우리 반에 정말로 특이한 아이가 한 명 있었는데, 박창해다.

칠판 위쪽 한가운데 태극기가 걸려 있고, 양 옆으로는 교훈과 급훈이 걸려 있는 것이 보통이다. 창해는 등교할 때는 물론이고 밖으로 나갔다 교실로 들어올 때도 언제나 국기에 대한 경례를 깍듯이 하고 자기 자리에 앉았다. 뭐지? 속으로 웃음이 났다. 요즘 아이들은 상상도 하지 못할 행동이다. 5학년짜리가 나라 사랑하는 마음이 얼마나 깊으면 저런 모습을 보일까? 진지한 그 태도가 어찌 보면 애늙은이 같기도 했다. 반 아이들 말로는 전 학년 선생님에게서 받은 교육을 그대로 실천하고 있다는 것이다. 전 담임 선생님은 연세가 많은 교감 선생님이었기에 충분히 그렇게 나라 사랑 교육을 하셨을지도 모른다. 당시는 유신 헌법이 투표자 90% 이상의 찬성으로 통과하여 왜곡된 나라 사랑을 국가적으로 강요하던 시기여서 그럴 만도 했을 것이다. 창해는 한 번 받은 가르침에 대해서는 그대로 실천하는 보기 드문 모범생이었다. 땀 흘리며 뛰어놀다가 급하게 들어올 때도 어김없이 진지한 표정으로 오른손을 가슴에 대고 잠시 멈추었다 자리로 가곤 했다. 내가 이런 행동을 칭찬하지 않았음에도 창해는 그것을 나라 사랑 방법으로 생각하여 꽤 오랫동안 지속했던 것으로 기억한다.

한 학기가 끝나고 여름 방학에 들어 갔다. 그 당시에는 방학 숙제가 참 많았다. 요즘처럼 가정에서 개별 학원 교육 같은 것은 꿈도 못 꾸던 시절이라 학교에서 한 달 이상 공부할 것을 과제로 내주었다. 개학 후 방학 숙제를 걷고 나면 그때부터는 선생님 숙제가 산더미인 셈이다. 한 달 동안 땀 흘리고 애쓴 아이들의 결과물을 소홀히 다루면 양심에 찔려 하나하나 체크하며 살펴보는 것은 엄청난 스트레스였다. 결과물을 선별해서 시상식까지 해야 내 숙제는 마무리되었다. 분야별로 특별상, 금상, 은상, 동상, 장려상 또는 최우수상, 우수상, 가작, 입선 이런 식으로 등급을 매겨 리본을 부착하여 얼마 동안 전교생이 볼 수 있는 장소에서 전시회를 연다. 그러니 객관적으로 합당한 평가를 해야 한다.

경험상 제일 힘든 숙제는 하루 이틀에 해결할 수 없는 일기쓰기, 여러 날이 걸리는 채집 부문이다. 식물 채집을 벼락치기로 해서 살아 있는 진드기가 그대로 붙어 있는 것을 보고 얼마나 마음이 다급했으면 그랬을까 하고 웃음이 나오기도 했다. 실컷 놀다가 개학 임박해서 한꺼번에 벼락치기로 온 가족이 총동원되는 경우도 있다. 그것조차 여의치 않으면 완전히 제쳐 버리고 개학 날 빈 가방으로 가볍게 등교하는 배짱 좋은 친구들도 있다. 똑같이 배포하는 방학 생활(탐구 생활) 책은 기본이고, 거기에 식물 채집, 곤충 채집, 옷감 모으기, 그리기, 독후감, 글짓기,

기행문, 일기 등 정말로 숙제가 많았다. 근사한 상자에 사슴벌레, 잠자리, 나비, 매미 등 종류별로 예쁘게 수집해 온 아이들은 부러움의 대상이었다. 책상 위에 달랑 방학 생활 책 한 권 올려놓고 겸연쩍어 하는 아이가 있는가 하면, 부모 도움받아 숙제를 잘해서 책상 위에 푸짐히 쌓아 놓고 뿌듯해하는 아이도 있다.

선생은 그날부터 바쁘다. 한눈에 볼 수 있는 숙제는 짧은 시간 안에 빨리 처리하지만, 일기장 같은 경우는 아이들 생활 지도의 좋은 자료가 되기 때문에 꼼꼼히 읽어 본다. 물론 개인적인 일은 철저히 묻어 두어야 한다. 하루는 정말 잘 쓴 일기를 발견하곤 감탄했다. 하루도 거르지 않고 그날 날씨까지 꼼꼼히 기록했으며 글씨도 흐트러짐이 없었다. 물론 내용의 서술도 지루하지 않게 잘 표현했다. 숙제 검사가 아닌 책 한 권을 읽듯이 공책을 넘겼다. 바로 박창해의 일기였다. 역시 국기에 대한 경례를 하듯이 방학 생활도 그렇게 했구나. 내 어린 시절에 견주어 질투가 날 정도의 글솜씨였다. 다음 날 입이 근지러워 칭찬하지 않을 수 없었다. 반 아이들 앞에서 최상의 칭찬으로 창해를 띄워 주었다. 물론 아이들은 창해를 부러움과 질투의 눈초리로 바라보았을 것이다.

그런데 이것이 웬일인가? 개학 후에 창해가 쓴 일기장을 보다가 고백 일기를 발견했다. 자신은 매일매일 쓰지 않고 몰아서 한꺼번에 썼기 때문에 선생님의 과분한 칭찬에 양심의 가책을 느꼈다고 밝혔다. 아니 선생으로서 그런 것도 간파하지 못했다니 어쩐지 속은 것만 같았다. 그러나 몰아서는 썼지만 선생님도 알아차릴 수 없게 잘 썼다면 그것도 실력이라는 생각이 들었다.

어쨌거나 어느 면으로 보나 몰아서 쓴 일기라고 보기는 어려운 글솜씨였다. 어떻게 한꺼번에 그렇게 훌륭한 일기를 쓸 수 있었는지 궁금하기도 하고 따로 이야기도 나누고 싶어 창해를 불렀다. 대답은 이러했다. 일기가 하루 이틀 밀리자 궁리 끝에 달력에 날씨와 그날의 중요한 일을 메모해 두었다가 한꺼번에 썼단다. 어찌 놀고 싶지 않고 꾀를 부리고 싶지 않았겠는가? 한 달 넘는 자유 시간을 스스로 일정을 체크하고 자율적으로 지켜 나간다는 것은 성인도 쉬운 일이 아니다. 그럼에도 깜빡 속을 정도로 완벽하게 썼다는 것이 놀라웠다.

꾸중 듣는 아이처럼 내 앞에 서 있는 창해에게 그것이 크게 잘못한 일은 아니라고 말해 주었다. 오히려 훌륭한 문장력을 칭찬했다. 그날 이후로 창해를 더 잘 이해하게 되었고 착실한 책임감에 신뢰가 쌓였다.

창해와 있었던 일화는 또 있다. 그 당시 학년별 학교 대표를 선발하여 군 단위로 학력을 겨루는 경시대회 같은 것이 있었다. 당연히 5학년 대표로 창해를 선발했고 방과 후 교실에 남아서 매일 공부를 했다. 동기 유발을 위해서 창해와 약속을 했다. 결과가 좋으면 선물을 주겠다고 말이다. 워낙 성실한 아이라서 꾀부리지 않고 열심히 따랐다. 창해는 대회가 끝난 후 가끔 결과를 물어 왔다. 한참 지난 후 학교별 석차까지 매겨 대회 결과가 공문으로 왔다. 군내 34개 학교 중에서 7위였다. 시내에는 큰 학교가 많은데, 시골의 작은 학교로서는 결과가 꽤 좋은 편이다. 빨리 창해에게 알려 주어 기쁨을 나누고 싶었다. 약속한 선물도 주어야겠다고 생각했다. 그런데 다른 학년 대표들의 결과가 너무 좋지 않아 공개하지 않는 것이 좋겠다는 선배 선생님들 의견으로 결국은 입을 다물고 말았다. 석차를 공개하지 않는 것이 맞기도 했다. 내 생각이 짧았던 것이다. 다만 이런 사정을 솔직히 말할 수도 없고 창해와 한 약속도 지키지 못해 안타까울 뿐이었다.

이듬해 2월 나는 다른 학교로 전근을 하게 되었다. 하지만 지키지 못한 창해와 한 약속은 내 생각 속에 그대로 살아 있었다. 생각 끝에 읍내에 나와서 내가 재미있게 읽었던 알렉상드르 뒤마가 쓴 『몬테크리스토 백작』 동화책을 한 권 샀다. 전체 아이들과 작별 인사를 하고 몇몇 아이와는 사진도 찍었다. 창해는 따로 불러서 동화책을 주며 약속 이행이 늦었다고 말해 주었다. "임금님 귀는 당나귀 귀다."라고 대밭에서 외칠 만큼 답답한 일은 아니었지만 어쨌든 약속을 이행하게 되어 홀가분하고 기분이 좋았다.

여러 해가 바뀐 어느 날 창해가 인천에서 근무하고 있는 나를 찾아왔다. 대학교를 가게 되었다며 말이다. 수원의 아주대학교와 서울대학교에 합격했는데, 가정 형편상 장학금을 계속 받을 수 있는 아주대학교를 선택했다고 한다. 바닷가를 걸으며 이제 청년이 된 창해와 진지하게 진로와 인생을 이야기할 수 있었다. 그날 저녁을 먹고 헤어진 후로 서로 연락이 끊겼다. 간혹 궁금했다. 그렇게 착실했던 창해는 어떤 어른이 되었을까?

들리는 이야기로는 다니던 대학교 교수의 사위가 되었다고 한다.

사실인지 소문인지는 그리 중요하지 않았다. 창해는 어릴 때 '국기에 대한 경례'를 깍듯이 했던 것처럼 자기 앞에 주어진 삶을 성실히 살아 냈을 것이다. 누구든지 탐내지 않을 수 없는 성실한 청년의 모습으로 자신을 일구어 갔을 것이 분명하다. 뿌린 대로 거둔다는 말처럼 스스로 쌓은 성실함으로 자연스럽게 그의 길이 활짝 열리지 않았을까? '될성 부른 나무는 떡잎부터 알아본다'는 속담은 창해를 두고 한 말 같다.

어느 날 창해한테 연락이 왔다. 대학교를 졸업하고 곧바로 미국에 가서 박사학위를 받았으며, 현재는 미국에서 산다고 말이다. 그러면서 한국에 오면 찾아뵙겠다고 했다. 창해에게서 받은 메일을 옮겨 본다.

선생님 안녕하세요?

선생님 연락처를 전해 받고 바로 연락을 드린다는 게 늦어졌네요. 지금 뉴욕으로 출장 가는 비행기 안에서 이제야 편지를 적게 되었습니다.

돌아보면 제 초등학교 시절은 너무 초라하고 어려운 날들이었는데 가끔씩 5학년 때를 생각하면 마음이 따뜻해집니다. 지금도 문득문득 그 교실, 앞에 있던 교탁, 저희들이 앉아 있던 책상과 의자들이 영화 스크린을 지나가듯이 떠오르고는 합니다.

그때 무슨 과목에서 뭘 배웠는지는 지금 기억나는 게 없지만 아직도 또렷하게 기억이 나는 것은 선생님이 읽어 주시던 책들입니다. 몬테크리스토 백작, 셜록 홈즈, 정글북, 로빈슨 크루소, 엄마 찾아 삼만리, 80일간의 세계일주, 플란다스의 개, 삼총사, 돈키호테 등 다 기억은 못하지만 많은 책을 읽어 주셨죠. 다른 어느 수업 시간보다 좋아했고 빠져들듯이 집중해서 듣고 있던 제 모습이 그려집니다.

그때는 몰랐지만 돌아보면 제게는 그 시간들이 제 인생을 바꾸어 준 시간일지도 모른다는 생각이 듭니다. 시골에서 어렵게 살면서도 꿈이라는 걸 갖게 하지 않았나 생각이 됩니다. 어느 날은 몬테크리스토 백작이 되었다가 어느 날은 모글리가 되었다가 하면서 상상의 나라 속에서 스스로를 위로하기도 하고 꿈을 키울 수 있었던 것 같습니다. 플란다스의 개를 읽어 주셨을 때는 마지막에 주인공 소년이(이름은 기억이 나지 않네요) 어렵게 살아가다가 그렇게 보고 싶어 하던 성당의 그림을 보고는 그 밑에서 죽는다는 이야기가 너무 안타까워서 오랫동안 마음이 아렸던 기억도 납니다.

80일간의 세계일주를 읽어 주셨을 때는 마지막에 세계를 한 바퀴 돌았기 때문에 하루가 아직 남아 있었다는 이야기가 왜였는지 이해를 못해서 답답했던 기억이 있는데 지금은 제가 수시로 세계를 돌아다니면서 날짜 변경선을 지날 때마다 그 생각이 떠올라 혼자 피식 웃고는 합니다.

이제 미국에 건너온 지도 30년이 넘어섰습니다. 살면서 어려운 일이 생길 때마다 어린 시절 제가 어디서 왔는지 생각하면서 감사하곤 합니다. 꿈을 꾸는 것도 쉽지 않았던 곳에서 작은 꿈을 꾸기 시작하고 그 꿈이 자라서 이제는 저도 상상하지 못했던 곳에서 세계를 내 집처럼 돌아다니며 잘 버티고 있는 제 모습이 때로는 스스로 신기하게 느껴지기도 합니다.

저는 대학교에 갈 만한 형편이 되지 않았는데 다행히 아주대학교에서 장학금을 내어 주서서 무사히 대학교를 마치고 좋은 선배들을 만나서 미국 유학이라는 꿈을 실현하게 되었습니다. 박사학위를 마치고 학교로 가기 전에 잠시 현장 경험을 하겠다고 시작한 회사 생활이 한 해 두 해 가다 보니 벌써 27년째 접어들고 있습니다.

선생님은 기억을 못 하실 수도 있겠지만 5학년 때 매주 회의를 시키셨습니다. 회의를 해서 그 주의 생활 목표를 정하고 구체적인 실천 사항들을 정해서 한 주 동안 실천하고 일주일 후에는 그것들이 얼마나 잘 지켜졌는지 회의를 통해서 저희들끼리 평가를 했죠. 그때 나름대로 열띤 토론도 하고 서로 다른 의견으로 논쟁도 많이 했던 기억이 납니다. 어느 날 회의가 끝나고 선생님께서 혼잣말처럼 "반장이 말솜씨가 있네." 하셨는데 선생님은 아마도 기억을 못 하시겠지만 저는 그 말씀을 아직도 잊지 못하고 있습니다. 40여 년이 지난 지금 제가 "말로 먹고 사는" 직업을 가진 걸 보면 선생님의 판단이 맞았을 거라는 생각을 합니다.

저는 세계에서 규모가 다섯 번째쯤 되는 반도체 회사에서 지적 재산권을 관리하는 총 책임자로 일하고 있습니다. 저는 변호사가 아니고 엔지니어이지만 제가 맡고 있는 조직에는 수십 명의 변호사가 있습니다. 지적 재산권 관련한 협상과 소송들을 이끌어 가는 일을 하다 보니 세계 여러 나라를 돌아다니면서 여러 사람과 만나게 됩니다. 제가 미국에 옮겨 와 영어로 변호사들과 논쟁하면서 사는 꿈은 5학년 때 제가 꾸었던 많은 꿈 리스트에는 없었지만 그때 우리 반 회의 때마다 앞에서 회의를 진행하면서 논쟁을 소화하는 훈련이 되었나 봅니다.

창밖으로 맨해튼이 보이기 시작하네요. 이제 곧 내려야겠습니다. 내일부터 열리는 학회에 연사로 초대를 받아서 발표를 하러 왔습니다. 늘 하는 일인데도 많은 사람 앞에서 이야기하는 건 항상 부담이 되긴 합니다.

아! 그리고 지난주에 제가 Senior Vice President로 승진을 했습니다. 승진을 하면 제게 도움을 준 직장 동료들, 주위 친구들에게 밥을 한 번 사고는 하는데, 다음에 한국에 들어갈 때는 꼭 한 번 찾아뵙겠습니다. 따뜻한 저녁 한 끼 대접해 드리고 싶습니다. 건강하시고 안녕히 계세요.

– 박창해 드림

　희진이는 어려운 형편에도 늘 당당하게 자신을 세워 가는 적극성이 있다. 남의 시선을 아랑곳하지 않고 자기 뜻을 펼치려는 의지도 있다. 어린 나이에도 강했다고나 할까 내 눈에는 그렇게 보였다. 그 희진이가 참으로 성숙한 어른이 되어 친구처럼 다가왔다.

　양화진 언덕에 묻힌 선교사들의 삶을 배우며 과거에서 현재로 이어지는 삶의 이야기를 친구처럼 나누었다. 스승의 스승 같은 모습이다. 얼마나 그 생각들이 훌륭한지 자랑스럽다. 푸른솔감리교회 사모로, 지역아동센터장으로 소외되기 쉬운 어려운 아이들을 품고 치열하게 살고 있다. 하나님이 심어 준 그 자리에서 밑가지의 삶을 지켜 가고 있다.

　희진이가 쓴 글을 읽다 보면 더 확실해진다.

아이들이 아프다, 나도 아팠다

폭우가 퍼붓던 날, 나의 어머니는 집 안의 유일한 우산이었던 파란색 비닐우산을 쓰고 나를 들쳐 업고 머리에 썼던 수건은 나의 엉덩이를 감싸서 학교에 등교시켜 주셨다. 초등학교 1학년 때 기억이다.

우리 집은 늘 가난했다. 어머니와 아버지는 돈 때문에 자주 다투셨다. 역전과 연탄 공장과 공원이 어린 시절 나의 놀이터였다. 어느 날부터인가, 어머니가 시장에서 좌판 장사를 하면서 동생들과 동네 아이들은 나의 놀이터의 내 친구들이 되었다.

인형놀이를 하다가 지치면, 공원에 가서 소꿉놀이를 하고 그것도 지치면 야구놀이의 변형인 '짬뽕'이라는 걸 했다. 가끔은 연탄 공장의 석탄 언덕에서 미끄럼을 타기도 하고 그렇게 놀았다. 해가 질 무렵 아이들이 모두 밥 먹으러 집으로 들어가면 동생들과 저녁밥을 차려 먹었고, 부모님의 귀가를 못 보고 잠들었던 기억이 난다.

짧은 여름 방학과 긴 겨울 방학은 가난한 도시 아이들에게는 참 지겨운 시간이었다. 부모님이 일하러 나가신 긴 하루를 교회 마당에서 놀았다. 여름에는 여름성경학교로, 겨울에는 '크리스마스 발표회' 연습으로 일없이 교회 마당을 서성거렸다. 가끔 교회 사무실에서 자주색 가디건을 입고 밖을 내다보시는 목사님은 내게 믿을 만한 어른이었다. 책이라고는 교과서와 백설공주, 신데렐라가 전부였던 내게 시험이 끝나면 양념이라고 하시면서 『리더스다이제스트』에 소개된 에피소드들을 읽어 주시던 선생님도 계셨다. 그분은 한 반에 70명씩이나 되는 아이들을 데리고 1년에 한 번만 해도 되는 가사 실습을 교장 선생님을 설득해서 두 번이나 하셨다. 그때는 실습을 하려면 석유곤로를 집에서 가져와야 하는 악조건이었는데도 그리하셨다. 그러함에도 그분은 즐거워 보이셨다.

그분은 내게 아니, 우리 반 모든 아이에게 꿈꾸는 방법을 가르쳐 주셨고, 꿈을 꾸어야 하는 이유를 알려 주셨다. 나는 소설가가 꿈이라고 아주 자신만만하게 발표했던 기억이 난다. 집에 돌아와서 소설가가 된다고 했다가 글쟁이는 가난하게 사는데 그런 꿈을 꾼다고 된통 혼이 나기도 했다.

중학교 3학년 초까지 온 동네 아이들을 데려다가 인형놀이를 하고 놀았다. 아동기가 무척 길었던 듯하다. 아버지는 그 무렵에 술만 드시면 엄청 어머니를 때렸다. 중학교 2학년 때 얼떨결에 반에서 2등을 했는데 엄청 기뻐하시는 아버지를 보며 내가 공부를 잘하면 어머니를 더이상 때리지 않을지도 모른다는 막연한 기대를 가지고 열심히 공부를 했던 것 같다. 그것으로 나의 길었던 아동기도 막을 내렸다. 그 대신에 어머니를 구타하는 그 상황을 지켜보면서도 상을 들고 이 방 저 방 옮겨 다니면서 공부하는 이상한 아이가 되어 갔다.

중학교 3학년 때 우등상을 받고 졸업을 했다. 고등학교에 가서도 아버지의 구타는 여전했고 나는 죽을힘을 다하여 아침저녁으로 교회 기도실에 들러서 동생들과 함께 아버지가 제발 어머니를 때리지 않게 해 달라고 기도를 했다. 고등학교 1학년 때 아버지가 교회에 등록을 하셨다. 여전히 가난했지만 깜깜한 동굴 속으로 바늘구멍 만한 숨구멍이 하나 생기는 그런 느낌이었다.

부모님에게는 내가 열심히 공부하는 모습이 희망이었다. 정말로 잘했던 것은 아니었는데 부모님이, 특히 아버지가 나를 자랑스러워하셨다. 아버지의 이해할 수 없는 절망감에 내가 위로를 줄 수 있는 한 방법으로, 반항하는 대신에 공부를 택했던 것 같다.

교회에 등록은 하셨어도 여전히 아버지의 술버릇은 고쳐지지 않았고, 대입 체력장이 있기 전날도 아버지는 어머니를 때렸다. 어머니는 나를 옆집에 피신시켜 재우고 아버지에게 두들겨 맞으시고 도시락을 싸서 체력장에 참여시키셨다. 우리 삼남매는 늘 밤 동안 지긋지긋한 난리를 치르고도 어머니가 다음 날 우리의 아침밥을 챙겨 주실 것이라는 믿음을 갖고 있었다.

내가 책상에 앉아 공부하는 동안, 어머니는 이불을 뒤집어쓰고 눈물로 기도하셨다. 교회의 세련된 내 친구들의 어머니와 다른 내 어머니의 그런 모습을 나는 속으로 부끄러워했다. 학력고사를 치르기 전날 오토바이에 태워 시험 볼 장소에 함께 가 주셨던 나의 아버지를 나는 속으로 부끄러워했다. 부모님의 모습이 철없는 내게는 참으로 초라하게 느껴졌다. 나는 그런 아이였다.

학력고사를 치르던 날, 담임 선생님은 나의 엄마와 교회에 가서 시험이 끝날 때까지 기도를 하셨다고 했다. 첫 모의고사 점수가 당신의 딸과 같았다는 이유 하나만으로 나를 눈에 넣어 예뻐해 주셨던 담임 선생님은 수험생으로 사는 내내 일주일에 한 번 양호실로 나를 불러 기도해 주셨다. 서울의 4년제 대학교는 도저히 장학금으로 갈 수 없는 내게 선생님은 선뜻 대학교 4년 내내 등록금을 후원해 주셨다. 그리고 그 돈은 너처럼 가난한 아이들에게 갚으라고 하셨다.

내게 넘치는 사랑을 주신 분들과의 약속을 지키기 위해서 나는 지금 여기 푸른솔생활학교에 있다. 발달장애아동들을 가르치는 유아 교육 기관을 운영하다가 아동복지시설인 지역아동센터로 전환을 하면서 목회자인 남편과 나눈 이야기가 있다. 선교사들이 한국에 들어와서 병원을 짓고 학교를 지으며 이 땅의 사람들을 사랑했던 것처럼 그들과 비할 바는 아니지만 인천의 가난한 동네에서 그렇게 살자고 말이다.

장애아동들을 30명 정도 돌보면서 교육 기관을 운영하다 장애아동 10명과 비장애아동 19명으로 아동복지시설을 운영하면서 오히려 동역자를 19명 얻은 듯했다. 센터를 지역의 중고등 학생들의 자원 봉사 수요처로 오픈하여 활용하고, 방문하는 어떤 분들도 거절함 없이 함께 만나다 보니, 내 안에 나도 모르게 부모로부터 영향받은 우울감과 절망감이 한 겹 한 겹 벗겨지게 되었다. 현재는 장애아동 3명과 비장애아동 23명으로, 총 26명이 푸른솔생활학교를 이용하고 있다. 장애인이든 비장애인이든 20살 성인이 되면 건강한 지역 사회 생활인으로 살아가도록 돕는 기관이라는 의미를 담아 푸른솔생활학교라는 이름을 지었다.

4살 때 푸른솔 조기 교실에서 만나 푸른솔생활학교를 졸업한 발달장애인 ○○이는 25살이 되어 ○○이네 반찬가게 직원으로 열심히 살아가고 있다. 그는 CJ 도너스캠프와 함께하는 인천나눔캠페인 사업을 진행할 때 부모님을 독려하여 우리 센터를 후원하기도 했다.

○○이는 가구사업소에서 일하고 있는 발달장애인 ○○이와 함께 지난해에는 말레이시아 도시빈민인 인도 아이들을 위한 기쁨의집 아동센터에 3박 4일 자원 봉사를 다녀오기도 했다. 올해 2월에는 아동센터 중등부 친구들과 함께 양갱과 월병을 팔아 비행기 티켓 값을 마련하여 기쁨의집으로 졸업 여행을 다녀오면서 작은 우여곡절도 겪었다.

아이들……. 아이들의 아픔과 가능성이 내게는 보인다. 내가 아팠었기 때문이다. 그리고 나는 그 아픔이 무엇으로 치유되고 회복되는지 경험해 보았기에, 사랑을 받았기 때문에 그렇게 아이들에게 내가 받은 사랑을 흘러보내고 또 다른 이웃들과 아이들의 사랑을 받으며 때로는 애매한 상황을 건디며 그렇게 사랑으로 물들어 가고 있다.

– 푸른솔생활학교 지역아동센터 임희진

2년 전 연말에 자신이 밤늦도록 수를 놓아 만들었다며 내게 브로치를 선물로 주었다. 멋을 내고 싶은 날 희진이의 마음을 가슴에 달고 나가 당당하게 외친다. 이렇게 훌륭한 제자 있는 사람 데려와 보라고 말이다.

03.
졸업 후 3년, 지금도 꿈을 키워 가는 제자

여러 해 동안 월요일 아침마다 짧은 문자를 받고 있다. 이번 주에는 이런 문자가 왔다.

"하루 동안 웃는 웃음의 양이 그 사람의 행복의 양이라고 합니다.^^ 많이 웃고 많이 행복하세요."

절로 웃음이 나오며 행복해지고 싶지 않은가? 문자 내용은 계절에 맞게, 세상 흐름에 맞게 희망 메시지가 되기도 하고, 어떨 때는 행복 메시지가 되어 배달된다. 그것도 한 주를 막 시작하는 아침 시간에 긍정의 생각을 불어넣는다. 한 번도 거른 적이 없다. 은근히 기다려진다. 월요일이면 오늘은 어떤 메시지가 배달될까 하고 말이다.

'모든 사람이 다 원하는 음식 이야기' 다원푸드스토리㈜ 김학준 대표가 보내는 것이다. 물론 나한테만 보내는 메시지가 아닐 것이다. 그럼에도 받는 사람이 한 주를 시작함에 활력을 얻는다면 '해피 바이러스'가 되지 않을까?

학준이는 70명 가까이 되는 다인수 학급에서 두세 번째 줄에 앉았으니 큰 키는 아니었다. 그 시절의 기억을 떠올려 보면, 학준이는 늘 웃는 얼굴이었다. 언제나 밝고 웃는 얼굴에 학급 분위기 밖으로 벗어난 적도 없었다. 글씨체는 궁체라기보다는 반듯반듯한 고딕체에 가까웠

고, 특별히 미술 시간을 좋아했다. 남달리 귀여워한 것도 아닌데 성격이 밝아서인지 나를 따랐던 것 같다. 가을 대운동회 때 같이 사진 찍자고 나를 졸졸 따라와서 나란히 찍은 사진이 있다. 흰색 체육복에 빨간색 리본을 달아 늘어뜨린 곤봉 2개를 앞가슴에 모아 쥐고 서 있는 표정이 진지하다. 그 당시에는 해마다 가을이면 대운동회를 했고 고학년은 매스 게임

같은 종목을 선보였는데 아마 6학년은 곤봉 체조를 했던 모양이다. 그 사진은 내 수많은 사진 중에서 소중한 것만 골라서 정리한 〈사진으로 보는 자서전〉에 당당히 꽂혀 있다.

학준이는 졸업 후 37년이나 지난 어느 날 저녁, 훌쩍 어른이 된 모습으로 찾아와 나를 놀라게 했다. 초등학교 때부터 미술 시간을 좋아했던 학준이는 고등학교 때는 홍대 미술 관련 학과를 인생 목표로 삼은 적도 있다고 했다. 그러나 목표한 대학 입시에 실패한 후 곧바로 군에 입대했다. 당시 행정병으로 복무하면서 군대의 간판 제작은 거의 자기 업무가 되었다고 한다. 초등학교 때 바로잡은 글씨체 덕분이라며 나를 치켜세우기도 했다. 군단, 사단 대표로 그리기대회에 출전하여 좋은 결과를 얻어 군 생활의 보너스인 포상 휴가도 여러 번 받았다. 나름대로 군 복무를 멋지게 마치고 사회로 나와서는 어머니가 운영하는 식당 일을 도왔다.

재미있는 일화를 하나 들려주었다. 어느 날 어머니 식당에서 양파 껍질을 벗기며 '아, 내가 여기서 양파 껍질이나 벗기고 있다니' 한심한 생각이 들어 조리사 면허증을 취득했다고 한다. 생각을 키우고 자신을 발전시키려는 의지를 행동으로 옮긴 것이다. 뷔페식당에서 아르바이트를 할 때 주방장의 멋진 상차림 데커레이션을 보고 도화지가 아닌 접시 위에도 얼마든지 그림을 그릴 수 있음을 깨달았다. 그토록 하고 싶었던 그림을 유능한 셰프가 되어 미각을 살리는 음식으로 표현할 수 있다면 그 또한 매력적인 일이라고 생각한 것이다. 그리하여 셰프의 길로 들어섰고 해외 서적을 읽으며 데커레이션을 꾸준히 연구했다. 또 직장 생활을 하며 야간에는 호텔 경영학을 공부했고, 호텔에 입사하여 능력을 인정받아 초고속 승진도 했다. 나중에는 단체 급식에 매력을 느껴 급식사업부에 지원해서 오랫동안 그 업무에 종사했고, 결국 지금은 단체 급식 사업을 운영하고 있다.

본인의 말로는 긍정적인 마인드와 결과보다는 최선을 다하는 과정을 중요하게 생각하고, 사람들과 만나면 단점보다는 장점을 보고 배우려 노력하다 보니 주변에서 능력 있는 사람으로 평가받았단다. 직원들과 함께 일할 수 있는 공간이 있어 행복하고 자신은 직원들이 일하고 싶은 회사를 만들기 위해 최선을 다한다고 한다.

최근에는 국립극장 안에 카페를 오픈했다. 한 번 찾아가서 여유 있게 오후 시간을 즐겨야겠다. 점점 사업을 확장해 가는 능력은 자신의 생각을 키우고, 그 생각을 현실로 일구는 성실함에서 비롯되었을 것이다. 미술가의 꿈을 가졌던 청년이, 양파 껍질을 벗기던 청년이 결국은 셰프가 되고 급식 사업을 크게 운영하는 CEO가 되었다. 그는 아직도 꿈을 꾸며, 그 꿈은 계속 진화해 갈 것이다. 몇 년 동안 거르지 않고 희망의 메시지, 행복의 메시지를 주변의 지인들을 향해 퍼 나르는 그 끈질긴 정성이 지속되는 한 말이다.

"학준아, 멋있다! 네가 내 제자라서 자랑스럽다."

04.
선의의 경쟁을 보여 준 아이들

제23회 평창동계올림픽 스케이트 여자 500m에서 코다이라 나오 선수가 레이스를 마치고 천천히 링크를 돌고 있을 때 객석에서 함성이 터져 나오자 코다이라 선수는 손가락을 세워 입에 대고는 조용히 해 달라는 몸짓을 보였다. 그다음 레이스에는 올림픽 3연패를 기대하는 한국의 이상화 선수가 준비하고 있었고, 그 몸짓은 이상화 선수에 대한 배려처럼 보였다. 이상화 선수의 3연패는 실패로 돌아가 금메달은 코다이라 선수가 차지했는데, 코다이라 선수가 은메달에 그친 이상화 선수를 포옹하는 장면이 방송을 탔다.

국제대회에서 몇 번씩이나 실력을 겨루는 라이벌은 드디어 친구가 되었다. 이상화 선수는 "그녀가 한국의 자신의 집에 놀러 온 적도 있었고 내가 일본에 가면 항상 돌보아 준다. 특별한 친구로 둘이서 함께 달려왔다."라고 말했다. 정점에 선 사람의 승부에는 아름다운 마음만 따라다닌다고 볼 수 없으며 적개심, 질투심도 있을 것이다. 국제대회라서 국가와 국가의 경쟁 분위기가 선수 마음을 움직이게도 된다.

라이벌의 어원은 강을 뜻하는 라틴어에서 왔는데 '서로 강 건너편에 살며 같은 물을 이용하는 두 사람'을 가리킨다. 물을 둘러싸고 다툼이 있기 때문이다. 그러나 두 선수를 보면 같은 강물의 흐름 속에서 같이 살아가는 사람으로 비유하고 싶다.

이 글은 2018년 2월 20일 일본 아사히신문에 실렸던 칼럼을 정리한 것이다. 분명 두 선수는 사람들이 말하는 라이벌이었다. 그럼에도 참 아름다운 관계를 유지하는 라이벌이다.

두 사람이 나란히 앉아 진행한 또 다른 인터뷰에서 코다이라 선수에게 금메달 수상 직후 이상화 선수에 대해 물었을 때 "스케이트 선수로서 또 한 인간으로서 존경한다."라고 말했다. 그 말을 들은 이상화 선수는 책상 아래에서 코다이라 선수의 손을 꼭 잡아 두 사람의 확실한 친분을 엿볼 수 있었다. 한편 이상화 선수도 코다이라 선수를 시즌이 끝난 후에도 서로 택배로 선물을 주고받는 친구로 소개했다. 한 종목에만 출전하는 것도 힘든데 500m 외에 1000m, 1500m 등 세 종목에 출전한다며 자기 관리를 잘하는 코다이라 선수를 존경한다고 말했다. 2018년 4월 20일에도 두 사람은 재일한국대사관·한국문화원에서 열린 토크쇼와 이벤트에 나란히 참석했다. 두 선수의 아름다운 우정과 선의의 경쟁이 얼마나 보기 좋은지 모르겠다.

1985년 인천 만석초등학교에서 6학년 7반 담임을 할 때 우리 반에는 절친한 세 아이가 있었다. 그중 수정이는 부반장이었고, 나머지는 성만 다르고 이름이 같은 황진영, 방진영이다. 내가 맡은 사무 분장이 기상대 관리라서 매일매일 그날의 기온과 풍향, 습도 등을 정해진 시간에 기록하여 기상일지를 써야 했다. 물론 기상대 주변 잔디의 잡초도 뽑고 시설물 청소도 해야 했다. 그 일을 이 세 친구에게 맡겼다. 너무나 성실한 친구들이어서 꾀를 부리거나 불평을 하는 일이 없었다. 서로 경쟁하듯이 책임감 있게 그 일을 잘했다.

셋 중 황진영이는 정말 적극적이었다. 특히 수정이에게 라이벌 의식이 강해서 수정이가 잘한 일이 있어도 마음 놓고 칭찬할 수가 없었다. 둘은 똑같이 공부도 잘했고 열심히 노력하는 아이들이었는데, 황진영은 좀 더 적극적이었고 수정이는 조용한 편이었다. 왠지 조용하고 자신을 드러내지 않으며 소극적인 수정이에게 힘을 실어 주고 싶었다. 진영이는 혼자서도 너무 잘하고 있었으니까 말이다. 그런 기미가 보였는지 그럴수록 진영이는 더 샘을 많이 냈고, 성적을 올리는 일에도 열을 올려 열심히 노력했다. 경쟁이 치열했다. 맡긴 일 때문에 늘 같이 움직여야 해서 붙어 다닐 수밖에 없었는데, 한편으로는 걱정이 되었다. 행여나 경쟁이 지나쳐 질투심으로 변할까 봐 말이다. 담임으로서 정말 조심스러웠다. 황진영의 강한 경쟁심이 수정이를 견제하는 것이 아니라 담임인 나를 견제하는 것처럼 느껴졌다. 그때 내가 수정이를 편애했다면 참으로 잘못한 일일 것이다.

그럼에도 진영이는 건강하게 자기 관리를 잘하여 6학년을 마무리했다. 고맙다. "질투의 불꽃은 타인을 향해 있지만, 그 불에 타는 것은 질투하는 사람이다."라고 잭 트라우트는 말했다. 자칫하면 교사가 학생들에게 시기와 질투의 마음을 불러일으킬 수도 있으니 칭찬도 가려서 잘해야 한다. 진영이는 상대에 대한 적개심이나 시기심으로 자신을 무너뜨리지 않았으며, 오히려 더 열심히 자기 관리를 했다는 점에서 칭찬받을 만했다. 바로 선의의 경쟁이었다고 생각된다.

4년 후 내가 서울의 양명초등학교로 옮겨서 근무할 때 이미 고등학생이 된 수정이에게서 편지를 한 통 받았다. 그때 일들을 하나하나 떠오르게 하는 잘 쓴 편지였다. 그중 일부를 소개한다.

"선생님 그동안 안녕하셨어요?

(중략)

초등학교 졸업문집을 보며 하나둘씩 떠오르는 추억들, 행복했던 기억들인데 왜 눈물이 나는지 모르겠어요. 교실 창밖으로 무성한 잎을 자랑하던 신주나무와 하나하나 저희의 손길이 닿았던 기상대, 그리고 나무의자와 책상, 남자아이들과 장난도 많이 쳤고 싸우기도 하고…….
그중에서도 저와 경쟁하던 진영이가 가장 생각이 나요. 진영이는 지금 문일여고에 들어가 열심히 공부하고 있대요. 저번에 한 번 보았는데 키도 많이 컸고 예뻐졌어요. 저요? 저는 키는 그대로 있고 살만 퉁퉁하게 쪄서 아마 선생님도 보시면 놀랄 거예요.

저는 지금도 공부에 지치거나 괜스레 게으름을 피우고 싶을 땐 진영이를 생각해요. 정말 그 아이는 무엇이든지 열심히 하는 것 같아요."

(생략)

초등학교 6학년 때 경험이 사춘기 소녀의 마음을 운전하고 있다. 괜스레 게으름을 피우고 싶을 때는 열심히 경쟁했던 친구를 생각하며 마음을 다잡아 간다는 이야기가 아닌가? 당시의 경쟁이 그들에게는 선의의 경쟁이었고 훗날까지도 좋은 동력으로 작용하는 사례인 것이다. 참다행이다. 진영이도 그렇게 생각하고 있다면 좋겠다.

이때 경쟁이 질투나 시기심으로 발전하지 않도록 그들의 관계를 잘이끌어 가는 것이 중요한데, 그 역할을 교사가 해야 한다. 공평한 저울과 객관적인 시선도 중요하고 당사자의 각자 다른 입장도 고려해야 하는 어렵고도 어려운 역할이다. 잘못하면 따돌림의 단초가 될 수도 있기때문이다.

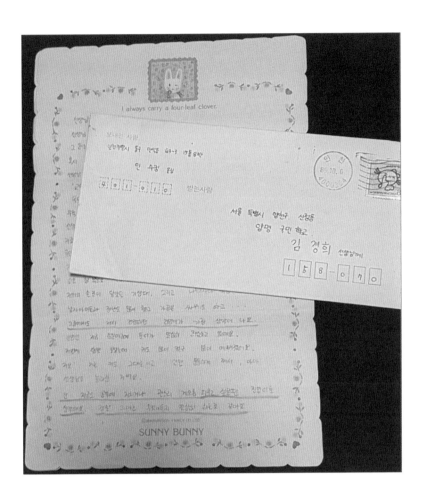

05.
저 아이는 커서 어떤 사람이 될까?

　3학년이었던 경신이는 운동장에서 공놀이를 하는 것보다 곤충이나 벌레를 찾으러 다니는 것을 더 좋아했다. 보통 그 나이 남자아이는 축구나 야구를 좋아해서 방과 후 책가방을 운동장 바깥쪽에 던져 놓고 한바탕 뛰다가 집에 가는 경우가 많은데, 경신이 일기를 보면 동네 주변의 야트막한 산이나 풀숲을 헤치고 다닌 이야기가 많았다. 어떤 때는 나도 알 수 없는 벌레를 잡아서 학교에 가져와 물어보았다. 동물도감이나 펼쳐야 알 수 있는 내 실력이 다 들통나 버렸다. 호기심 많은 아이들은 경신이 주변으로 모여들었고, 때로는 여자아이들에게 들이대서 비명을 지르게도 했다.

　어느 날 오후에 경신이 어머니가 찾아오셨다. 경신이의 유별난 행동을 어떻게 해야 좋을지 상담하러 오신 것이다. 공부보다 엉뚱한 짓을 해서 걱정인데 말려야 할지 그냥 두어야 할지 말이다. 학교에서 돌아오면 밖으로 쏘다니며 알 수 없는 벌레와 곤충을 잡아서 화분의 나뭇가지나 이파리 위에 올려놓거나 마당에 풀어놓는단다. 어머니로서는 예사롭지 않게 생각했을 것이다.

나는 개인적으로 생각이 달랐다. 아이들이 체험하는 것은 다 공부라고 생각했다. 당장의 학습 결과에 목표를 두면 오로지 학교에서 다루는 교과목에만 몰두하는 것이 공부라고 생각하기 쉽다. 경신이는 장래에 어떤 유익을 가져올지 알 수 없는 폭넓은 공부를 하고 있다 말했다. 자신이 무엇에 흥미를 갖고 있는지 모르며 그저 시키는 대로 로봇처럼 재미없게 사는 것보다 낫지 않은가. 학교생활에 지장을 주지 않을 만큼, 그리고 사고를 내지 않도록 약속하고 지켜보는 것도 좋겠다고 말씀드렸다. 어머니에게 위안이 되었는지는 알 수 없었으나 경신이는 달라진 것 없이 그렇게 3학년을 보냈다.

1967년 과학기술처 발족을 기념하여 4월 21일을 '과학의 날'로 제정했다. 사회에 과학 기술의 중요성을 알리고 과학 대중화를 촉진시키기 위해서 각종 행사를 추진하며 매년 과학의 날에는 과학 기술 진흥에 힘쓴 유공자들을 표창하기도 했다. 그에 따라 과학의 달인 4월은 초등학교에서도 과학과 관련된 각종 행사가 열린다. 과학발명품 경진대회, 글짓기, 포스터 그리기, 모형항공기 날리기대회 등 각 학교 단위로 대회를 열고 우수자는 상급 기관 주최의 대회에 출전시킨다.

경신이는 4학년이 되던 해 선생님들 사이에서 유명해졌다. 곤충의 생태에 대해 끊임없이 관심을 기울인 결과, 그 기록을 정리하여 교내대회에서 상을 받고 지도 교사의 조언을 첨삭하여 교육청이 주최한 대회에도 나가 상을 받았기 때문이다. 유별난 행동을 걱정하던 어머니는 이제 아들을 응원하게 되었고, 그 체험들은 산지식으로 쌓여 체계를 잡아 갔다.

우리는 아이들의 말이나 행동을 그대로 인정해 주는 것에 익숙하지 않다. 선험적 지식과 연륜이 아이들보다 월등하다는 이유 때문이다. 그러나 고정 관념과 개념 주의에 빠져 아이들의 창의성을 무시해 버리거나 놓쳐 버릴 수도 있다는 것을 알아야 한다. 눈높이를 맞추고 깊이 들여다보는 마음의 눈이 필요하다. 그럴 때 차별화된 잠재력이 발견되고 꿈을 심고 가꾸어 가도록 도와줄 수 있는 여유도 생긴다고 믿는다. 모든 아이의 꿈에 바람 날개를 달아 동력을 실어 주는 것은 우리 어른의 몫이다.

벌레를 찾던 그 발걸음이 제2의 파브르를 낳을 수도 있고, 무언가에 몰입하는 아이들 속에서 스티브 잡스, 마크 주커버그 같은 인물이 나오지 않을까? 아니 그렇게 유명하지 않고 백만장자가 아니어도 좋다. 그보다는 자신이 즐거워하는 일로 꿈을 이루어 자신만의 행복을 누리게 된다면 그것이야말로 성공한 인생이라고 말할 수 있을 것이다.

06.
부모와 자식처럼, 교사와 제자처럼

　지금부터 10년 전쯤 되는 것 같다. 명예퇴직을 하고 8~9년이 지났을 무렵으로 휴대 전화 기능이 지금처럼 다양하지 않던 때다. 지금은 일기예보를 알 수 있는 애플리케이션이 다양하여 쉽게 날씨 정보를 얻을 수 있지만, 그때는 그렇게 간단하지 않았다. 나 같이 나이든 사람으로서는 더욱 말이다.

　그때 매일 아침마다 그날의 날씨 정보를 휴대 전화에 문자로 전송해 주던 제자가 있었다. 외출할 때 특히 유용했고 그 문자를 볼 때마다 제자가 떠올랐다. 그 제자가 바로 안효석이다. 모임에 나가면 할머니들이 손자손녀 사진을 내밀며 자랑하듯 일기예보를 보내 주는 제자 자랑을 늘어놓곤 했었다.

　서울의 은정초등학교에서 퇴임하던 해 4학년이었던 제자로, 3학년 때부터 1년 반을 함께했다. 내가 퇴임한 후 부모님이 강화도로 이사하고 할머니 댁에서 가까운 인근 학교로 전학했다고 한다. 그럼에도 퇴임 후 매년 스승의 날이면 책을 한 권씩 사 들고는 친구들과 함께 우리 집을 찾아오곤 했다. 지금도 그때 받은 책들이 책장에 꽂혀 있다. 한비야의 『지구 밖으로 행군하라』, 안도현 시인의 어른을 위한 동화 『민들레처럼』 등 그 당시 베스트셀러 위주의 책들을 가져왔다. 어떻게 책을 골랐냐고 했더니 서점 아저씨에게 자문을 구했단다. 제 쓰기도 모자랄 용돈을 아껴서 장만하려면 아까운 생각도 들었을 텐데 말이다.

한번은 이런 일도 있었다. 내가 살고 있는 아파트 앞까지 오신 효석이 부모님이 잠시만 주차장으로 내려올 수 있냐며 전화를 하셨다. 내려가 보니 어머니께서 손에 무언가를 들고 계셨다. 쑥을 캐서 떡을 빚었다며 참기름을 발라 고소한 냄새가 나는 쑥떡을 내밀었다. 기억은 희미하지만 농사지은 다른 무언가도 같이 가지고 오셨다. 또 친정에서 포도밭을 하신다고 포도 상자를 가져온 적도 있었다. 이런 감동을 안겨 주었던 어머니와 아들이다.

그러다가 일기예보가 끊기고 문자도 한동안 뜸해져서 궁금했다. 그렇게 기억 속에서 희미해지면서 잊고 지내다 어느 날 다시 연결되었다. 나중에 안 사실인데 일기예보는 효석이가 군 복무를 하면서 자연스럽게 끊어진 것이다. 군 복무를 마치고 복학하면서 간간히 소식을 주고받았다. 이제는 초등학교 4학년이 아닌 어엿한 청년이다. 청년실업을 걱정하며 취업을 준비하고 세상을 배워 가는 예비 사회인이다. 대학원에서 석사 과정을 공부하며 연구의 어려움도 이야기했다. 많이 컸다.

내 아들딸이 기저귀를 차고 엄마 없이는 아무것도 못하던 아기에서 유치원, 초·중·고등학교, 대학교를 거치며 어느 날 나를 추월해 가는 모습을 발견했을 때 느꼈던 기분이다. 이제는 지적인 면이나 정신적인 면, 급변하는 세상을 읽어 가는 방식 등 모든 면에서 제자들에게 추월 당하고 있다. 그것이 당연한 이치고 그래야만 정상이다. 해마다 만나자고 전화가 오면 늘 이렇게 말했다. "이제 그만 찾아와라. 연애도 하고 나름대로 바쁠 텐데 그 시간을 아껴라. 괜히 날 위해서 선물 사느라 돈도 쓰지 마라." 그러나 만나면 행복하다. 웃음꽃이 핀다. 든든하다. 이제는 식사하며 눈치 볼 것 없이 술도 권한다.

보호자였다가 피보호자로 자리가 바뀌는 부모와 자식 사이처럼, 이름은 스승과 제자이지만 내용은 그렇게 바뀌어 가고 있다. 그러나 내리 사랑만큼은 추월당하고 싶지 않다.

> "올해는 1994년 이후 유례없는 폭염과 열대야가 이어지지만, 미세먼지 없는 좋은 날씨입니다. 더위를 극복하고 건강을 유지하기 위해 수분을 많이 공급해 주는 것이 한 방법입니다."

텔레비전이나 라디오에서 일기예보를 접하면 하루도 거르지 않고 아침마다 보내 주던 효석이의 일기예보가 생각난다. 그것은 감사 메시지였다고 멋대로 해석해 본다. 고맙다.

건강하고 밝게 자라 지금은 유명 화장품 회사의 연구원으로 제 몫을 다하고 있으니 그 또한 자랑스럽다.

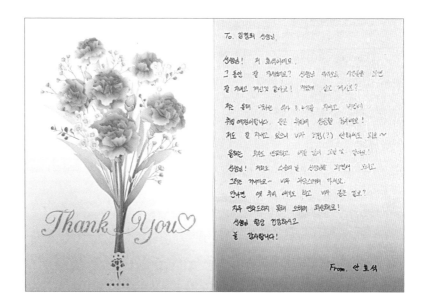

07.
세상에 하나뿐인 특별한 송별사

　1999년 8월 31일은 정확하게 27년 6개월 동안 지킨 교단을 떠난 날이다. 갑자기 내린 결정을 두고 동료 교사들은 놀란 얼굴이었다. 평소에 그만두고 싶다는 말을 농담으로도 하지 않았고 끝까지 할 것처럼 나름대로 열심을 냈기 때문일 것이다. 교장 선생님, 교감 선생님의 퇴임식은 온 학교의 대대적인 행사로 펼쳐지지만, 평교사의 퇴임식은 전교생 앞에서 그것도 방송으로 간단히 인사하는 정도로 끝난다. 다른 학교로 전근할 때 하는 정도의 수준으로 말이다. 나도 그것을 원했다.

　전교생에게 방송으로 퇴임 인사를 마치고 교실로 돌아와 내 반 아이들과 작별하는 시간이었다. 섭섭하고 허전했다. 한 학년을 마무리하지 않은 채 중간에 그만두어서 아이들에게는 정말로 미안했다. 그때는 마음이 왜 그리 급했는지 모르겠다. 최근에 본 〈맘마미아2〉에서 젊은 시절의 엄마 도나는 섬에 도착하여 연인과 헤어지고 실연의 아픔을 느낄 때 무대에서 노래를 부르라고 권유하자 이렇게 말한다. "내 안에 사랑이 없는데 어떻게 사랑을 노래해."

내가 퇴직할 당시의 심정이 바로 그랬다. 사랑이 고갈되어 피폐한 상태에서 아이들을 더 이상 따뜻한 시선으로 바라볼 자신이 없었다. 개인적인 이유도 있었지만 아이들을 위해서는 하루라도 빨리 상황을 전환해야 할 것 같은 조급함이 있었다. 또 사회적으로는 교권이 완전히 땅에 떨어져 교사라는 명암을 내놓기조차 부끄러울 지경이라 그것도 교단을 떠나게 한 요인이 되었다.

여기저기서 아이들은 '가지 마세요'라며 섭섭하다고 말한다. 으레 떠나고 보내는 장면은 그렇듯 뭐가 그리 대단히 섭섭하겠는가. 그래도 아이들에게는 무언가 특별한 말을 해 주고 싶은데, 항상 그렇듯이 선생님이 하는 말이 무슨 특별함으로 들리겠는가. 늘 하던 말처럼 주어진 상황에서 최선을 다하라는 말밖에는 할 수 없었다. 내일 아침부터는 서로 마주보며 싸울 일도, 책상을 치며 웃을 일도 없다는 것이 시원섭섭했다.

마지막으로 희주가 선생님을 보내는 송별사를 낭독했다. 지금도 그 송별사를 소중히 간직하고 있다.

저희에게 아름다운 꿈을 심어 주신 선생님께

처음 선생님께서 퇴직하신다는 소문을 들었을 때는 그냥 소리이겠거 니 했습니다. 그런데 지금 이 순간 선생님의 뒷모습을 바라보려니 차 라리 꿈이었으면 하는 맘이 있습니다. 이 꿈에서 깨어나면 교단에서 선생님이 그 인자하신 웃음으로 저희를 맞아 주셨으면 하는 바람이 간 절합니다.

그동안 저희는 선생님께 해 드린 것이 없습니다. 속만 태웠지요. 이제 저희도 4학년입니다. 지금부터 선생님께서 저희에게 해 주신 것을 갚 으려 하는데 왜 지금 가십니까?

내일이면 저희 기억 속에 화상으로만 기억될 선생님 얼굴을, 다시는 못 볼 선생님 얼굴을, 지금 저희의 마지막 소원은 딱 십분 만이라도 더 선생님 얼굴을 보는 것입니다.

선생님께서 저희에게 베풀어 주신 그 크신 사랑을 어찌 갚겠습니 까? 저희가 마지막으로 선생님께 해 드릴 수 있는 것은 울며 슬픈 인 상으로 선생님을 떠나보내는 것이 아니라 웃으며 축하해 드리는 마음 으로 선생님의 뒷모습을 장식해 드리는 것뿐입니다. 선생님, 이제는 선생님이어서 못하셨던 일을 맘껏 하십시오. 하지만 언제나 그 인자하 신 미소를 잃지 마시기를 바랍니다. 부디.

선생님을 만난 후 저의 꿈이 바뀐 것을 아세요? 원래 기자가 되고 싶 었던 저는 늘 아이들에게 존경받는 선생님의 모습처럼 진정한 스승의 상을 닮아 선생님처럼 되고 싶었던 것을……. 저흰 정말 선생님과 지내면서 행복했습니다.

선생님의 구수한 옛날이야기를 들으며 맘껏 웃고 떠들던 일들, 우리들을 위해 힘든 내색을 감추며 애써 일하시던 선생님의 그 모습이 눈에 선합니다. 전 정말 선생님을 잊을 수가 없습니다. 영원히…….

선생님 27년간 함께한 이 교탁을 떠나시더라도 언제나 선생님을 바라보며 따라가던 저희를 선생님의 그 많은 제자들을 잊지 말아 주세요. 지금 선생님의 슬픈 그 맘을 다는 이해 못해도 조금은 헤아릴 수 있습니다.

그만큼 저희도 선생님과의 정을 뗄 수가 없습니다. 선생님의 무수한 칭찬과 격려를 받으며 쑥쑥 커 가던 저희, 이젠 다른 선생님께서 그 일을 대신 해 주시겠지만요. 선생님, 저희는 선생님이 없어도 언제나 많은 아이들을 키우신 김경희 선생님의 한 제자라는 자부심을 가지고 창피하지 않은 모습으로 먼 훗날 선생님을 다시 찾아뵐 것을 맹세합니다.

다시 한 번 선생님께 존경과 사랑을 보내며 영원히 잊지 않겠습니다.

내내 몸 건강하시고 행복하시길 이 작은 마음들을 한데 모아 빕니다.

그럼 안녕히 가십시오.

1999년 8월 31일 월요일

4학년 1반 일동과 김희주 드림

  그리고 2016년 스승의 날, 이야기로는 다 풀어내지 못할 긴 편지와 선물을 들고 희주가 왔다. 퇴임하던 그날, 4학년으로서는 꽤 성숙한 송별사를 들려주었던 희주가 예쁜 아가씨 모습으로 나타났다. 반갑고 고마웠다.

  세포가 늙어 가듯 정신도 혼미해져 가는 내가 청출어람의 제자들 앞에서 무슨 교훈을 줄 수 있을까? 그저 그때의 아이들이 건강하게 여기까지 왔음이 고마울 따름이었다. 이제는 잘 늙어 가는 어른의 모습을 지키는 것이 제자들 앞에 최선이라고 생각한다.

  "애들아, 앞으로 더 이상 우리 사이에 송별사는 없는 거다. 사랑한다."

존경하고 사랑하는 선생님께..

선생님, 그간 몸 건강 하셨는지요. 아직 기억해주실지 모르겠지만, 맨 앞자리 그리 재잘대던 김○○ 입니다. 거의 20년만에 다시 찾아뵙게 되었습니다. 사실, 매년 졸업하던 스승의 날 마다 ☆ 모임을 가진다는 건 친구들에게 들어 알고 있었지만, 그 자리에 꿈 꿨던 것처럼 대단하고 훌륭한 어른이 되지 못한 것이 스스로 부끄러워 선뜻 선생님을 뵐 용기가 나지 않았던 건 같아요. 이제야 이렇게 쑥스럽고 부끄러운 제자를 용서해주세요. 선생님을 다시 뵐 생각을 하니 많이 너무 떨려서 잠을 설치다가 새벽에 잠이나 않아 편지를 올려봅니다.

옛 기억들을 찬찬히 떠올려보니 그 당시 선생님께서 _____

꼬마 시절 때, 너무나 서운하고 슬퍼서 며칠 며칠을 울었던 생각이 납니다. 아휴, 새로 부임하신 선생님께 어린 마음에 그 분이 우리 선생님 자리를 빼앗은 것 같아 괜스레 정을 못 붙이고 청얼이 반항했다가 혼났던 기억도 나요. 그렇게나 좋아하고 존경하고 사랑했던 선생님을 늘 마음 한 켠에는 잊지 못하고 있었으면서도 연락 한 번 드리지 못한 것이 죄송스럽습니다.

선생님께는 '○○초등학교 나○○년 1반'이 마지막 정년퇴임 시절의 마지막 제자들인 건 아닐까요, 선생님이 제 인생 첫 스승이시랍니다. 어린 시절 부모님 사정으로 인해 자주 전학으로 옮겨다니던 와중에 제가 처음으로 의지하고 따르고픈 담임 선생님이셨습니다. 엄하면서도 선생님은 반 아이들 누구 하나 넘치거나 모자라지 않게 품어안아 주셨던 분이셨지요. 그 제가 세상의 옳고 그름을 판단할 수 있게 해주는 거울이었고, 하늘처럼 넓은 존재였고, 어른이었습니다. 지금도 여전히 '스승' 이라는 단어 앞에서 가장 먼저 떠오르는 분이기도 어머니께도 종종 선생님 얘기를 저에게 해주곤 하셨습니다. 참 좋은 분이셨다고요.

선생님께서는 그렇게 큰 사랑과 가르침을 주셨는데, 저는 그 감격마음 훌륭한 많은 건 같아 ☆ 뭉클었습니다. '청출어람'은 제 얘기는 아니었나봐요. (웃음) 그래도 _____

저희에게 아름다운 꿈을 심어주신 선생님께

처음 선생님께서 퇴직하신다는 소문을 들었을 때는 그냥 소리 어겠거니 했습니다. 그런데 지금 이 순간 선생님의 뒷 모습을 바라보려니 차라리 꿈이었으면 하는 맘이 있습니다. 이 꿈에서 깨어나면 교단에서 선생님이 그 인자하신 웃음으로 저흴 맞아 주셨으면 하는 바램이 간절 합니다.

그동안 저희는 선생님께 해드린 것이 없습니다. 속만 태웠 지요. 이제 저희도 4학년입니다. 지금부터 선생님께서 저희에 게 해주신 것을 갚으려 하는데 왜 지금 가십니까?

내일이면 저희 기억 속에 환상으로만 기억될 선생님 얼굴 을...... 다시는 못볼 선생님 얼굴을......... 지금 저희의 마지막 소원은 딱 십분만이라도 더 선생님 얼굴을 보는 것입니다.

선생님께서 저희에게 베풀어 주신 그 크신사랑을 어찌 갚겠 습니까? 저희가 마지막으로 선생님께 해 드릴수 있는 것은 울 며 슬픈 인상으로 선생님을 떠나 보내는 것이 아니라 웃으며 축하해드리는 마음으로 선생님의 뒷 모습을 장식해 드리는 것 뿐입니다. 선생님 이제는 선생님이어서 못하셨던 일을 맘 껏 하십시오. 하지만 언제나 그 인자하신 미소를 잊지 마시길 바랍니다. 부디..........

선생님을 만난 후 저의 꿈이 바뀐 것을 아세요? 원래 기자가 되고 싶었던 저는 늘 아이들에게 존경받는 선생님 의 모습처럼 진정한 스승의 상을 닮아 선생님처럼 되고 싶었던 것을......... 저흰 정말 선생님과 지내면서 행복했습니다. 선생님의 구수한 옛날 애기를 들으며 맘 껏 웃고 떠들던 선생님의, 우리들을 위해 힘든 내색을 감추며 애써 일 하시던 선생님들, 우리들을 위해 힘든 내색을 감추며 애써 일 하시던 선생

학부모와 교사의 가슴 따뜻한 이야기를 공개합니다

뇌물은 보이지 않는 쇠사슬이라고 생각한다. 성경에 "뇌물은 밝은 자의 눈을 어둡게 하고 의로운 자의 말을 굽게 한다."(출애굽기 23:8)라고 기록되어 있다. 이성적인 판단을 할 수 없게 만든다는 의미일 것이다. 생각 없이 뇌물을 받으면 그 사람에게 발목을 잡힐 수 있고, 누군가에게 뇌물을 주면 그 사람에게 힘을 행사할 수도 있다. 뇌물을 연구한 자료를 보면, 막힌 하수관이 뚫리듯 뇌물 때문에 일상의 복잡하게 꼬인 일들이 잘 풀려 전체적으로 윤활유와 같은 역할을 하는 필요악으로 보기도 한다. 선물을 받는 것은 누구나 좋아하며 기분 좋은 일이다. 그러나 대가를 바라는 뇌물인지 진정한 선물인지 구별하기가 쉽지 않아서 그냥 좋아하기만 할 수는 없다. 선물이라 하고는 내심 대가를 바라는 마음이 더 크게 작용할 수도 있으니까 말이다. 가족 간에도 생일 선물을 주고는 내 생일 때는 무슨 선물을 받게 될까 은근히 기다리지 않는가. 선물을 주고받을 때 마음은 순수하고 싶지만 자신도 모르는 사이에 기대를 하게 되니까 말이다.

촌지 문제가 선생님을 괴롭히고 학부모 마음을 무겁게 했던 때가 있었다. 진작 김영란법이 있었다면 좋았을 텐데 하는 씁쓸한 생각도 했다. 이제라도 사회가 맑아져서 더 이상 김영란법이 필요 없게 되는 그런 대한민국이 만들어지기를 기대한다.

교직 생활 중에 선물을 받은 경험이 없지 않기 때문에 나 또한 이 문제에서 자유롭지는 못하다. 그럼에도 언급하고 싶은 선물에 대한 기억이 있다. 선물에 담긴 진심을 아직 귀하게 간직하고 있다.

서울 양명초등학교에서 마지막 해에 4학년을 담임했을 때다.

은수 부모님은 맞벌이였다. 단 세 식구여서 은수는 학교 공부를 마치고 집에 돌아가 스스로 잠긴 문을 열고 들어간다. 은수에게는 할머니, 할아버지도 안 계시고 형제도 없다.

학부모총회 때 어머니에게서 부탁을 받았다. 은수가 특별히 방과 후 일정이 없는 날은 교실에서 시간을 보낼 수 있도록 허락해 달라는 것이다. 별로 어렵지 않아서 그런 날은 교실에서 숙제도 하고 독서도 하고 잠시 운동장에 나가 철봉도 하며 오후 시간을 보내고 귀가했다. 어떤 때는 내 말벗도 되었다. 특별히 해 준 것도 없고 그런 날이 많지도 않았는데 부모님은 그것으로 마음을 놓으신 것 같았다.

그 학년을 끝으로 다른 학교로 옮기게 되었다. 2월 학년 말에 이임 인사를 마치고 같은 학년 선생님의 배웅을 받으며 막 현관을 나설 때였다. 그때 운동장 한가운데를 허겁지겁 달려오는 분이 계셨다. 바로 은수 어머니였다. 내가 다른 학교로 간다는 소식을 듣고 부랴부랴 인사를 하러 온 것이다. 너무나 뜻밖이었다. 학기 초도 아니고 다른 학교로 떠나는 선생님을 직접 찾아오는 일은 그리 흔치 않기 때문이다. 정작 인사할 일이 있어도 회사 일로 핑계를 대면 그뿐인 것을 말이다. 아무튼 1년 동안 아이를 맡아 수고했다며 포장지에 싸인 작은 상자를 건넸다. 운동장 한가운데에서 그렇게 학부모와 마지막 인사를 나누고 교문을 나섰다.

새 학교에 가서 신고를 하고 일찍 귀가했다. 저녁 시간에 낮에 있었던 일이 생각나 가방에서 선물을 꺼내 열어 보았다. 깜짝 놀랐다. 예쁜 카드와 행운의 열쇠가 들어 있었다. 다시 볼 일 없는 내게 너무나 부담스러운 선물이었다. 생일이 다가올 때면 이번에는 어떤 선물을 줄 것이냐고 마음을 떠보는 아들에게 항상 "선물은 주는 사람이 결정하고 물건보다는 그 속에 담긴 마음을 받는 것이다."라고 강조했었는데, 이 선물은 내게 과분했다. 마음의 크기를 어떻게 측량해야 할지…….

그 후 전화로 내 고마운 마음을 전했고 몇 번인가는 은수와 통화하며 학교생활에 어려움은 없는지, 장래 무엇을 하고 싶은지 진로 이야기를 했던 것 같다. 할 수 있는 일은 그것밖에 없었고 인사치레 정도였다. 그러나 마음속 깊이 은수가 이 거칠고 황폐한 사회에서 건강하고 밝게 꿈을 키워 가기를 바랐다. 기도하는 마음이었다. 그렇다면 이 선물도 대가성 있는 선물로 규정해야 할까? 어쨌든 다시 볼 일 없는 선생에게 선물을 준 그 마음에는 순수함이 있었다고 믿는다. 평생 잊지 못할 선물이다.

1995년도 신서초등학교에서 4학년을 담임했을 때다.

3월 신학기가 시작되면서 우리 반에는 전 담임에게 약간의 문제아로 평가된 아이가 있었다. 조금은 특별한 데가 있기는 했다. 생각이 비범했고 자신의 주장이 강해서 고집스러워 보였다. 고집을 꺾으려고 교사가 학생과 싸울 수는 없다. 단순히 고집이라고만 할 일도 아니고 깊고 폭넓은 사고를 오히려 치켜세우고 인정해 주는 것이 옳다. 다른 각도로 보면 창의성이다. 그러기까지는 교사 자신이 열린 사고를 할 수 있어야 한다.

나름대로 관심을 가지고 인정해 주고 잘못된 생각들은 정리해 주려고 노력했던 것이 효과를 얻어 교사와 학생 간의 코드가 조금씩 맞추어졌다. 크게 변화시켜 준 것은 없지만 학년을 무사히 마쳤다. 내 눈에는 잠재된 우수성으로 평가되었다. 그리고 인근 학교로 전근을 했다.

스승의 날을 하루 앞둔 방과 후, 교실 밖에 손님이 찾아왔다고 해서 나가 보았다. 전 학교에서 가르친 시홍이와 어머니가 와 있었다. 잠시 교실로 들어오라고 했지만 마다하고는 묵직한 쇼핑백을 건넸다. 스승의 날이라 선생님이 생각나서 준비해 왔다고 했다. 특별히 해 준 것도 없는데 하는 생각과 이런 대접을 받아도 되는지 민망했다.

끓이기만 하면 바로 먹을 수 있도록 속 재료를 넣은 삼계 닭 4마리를 가져다 주셨다. 역시 어머니도 남과 다른 점이 있었다. 일하는 가정주부의 마음을 잘 알고 준비해 준 그 마음에 또 감동했다. 하루 종일 아이들의 소음과 씨름하고 업무에 지쳐 집에 가면 피곤해서 저녁을 준비하는 일이 만만치 않음을 경험한 사람 같았다. 그리고 옮겨 온 학교까지 아이를 앞세워 찾아온 정성이 놀라웠다. 내 아이에게도 그렇게 선생님을 찾아뵙는 거라고 가르쳐야겠다는 생각을 하게 했다. 그때 시홍이는 어떤 마음이었을까? 무엇을 배웠을까? 식탁 앞에서 그 정성스러운 마음을 온몸으로 맛보며 보람을 느꼈다. 이 또한 영원히 잊지 못할 선물이 되었다.

평생직장인 교단을 떠났던 학교는 발령을 받으면서 개교한 곳이었다. 늦은 준공으로 이웃 학교에서 더부살이하는 동안 개교 준비에 학부형의 인력이 많이 필요했고, 자연히 학교와 학부형의 유대도 깊어졌다. 학급 수도 많지 않아서 학년이 바뀌어도 그대로 우리 선생님, 우리 학부형이었다.

퇴직하던 날 깜짝 놀랄 선물을 받았다. 오후에 만나자는 약속을 받고 나가니 어머니들과 아이들이 다 같이 모여 식사 자리를 마련했다. 학부형 관계라기보다는 동병상련 마음으로 지난 3년 반의 일들을 부담 없이 이야기를 나누었다. 2차로 카페에 가서 차를 마시며 헤어지기 아

쉬운 시간을 보냈다. 그야말로 학부모들이 베풀어 준 나만을 위한 송별
회인 셈이다. 이런 자리를 마련해 준 것만으로도 감동인데 커다란 선물
상자를 안겨 주었다. 선물은 개량한복 두 벌이었다. 남편 몫까지 챙겨
준 배려에 말로 표현할 수 없는 고마움을 느꼈다. 어떻게 이런 선물을
생각할 수 있었는지 학부모들의 얼굴을 떠올리며 두고두고 감사하고
있다.

명절이면 맏이인 우리 집으로 6남매 가족이 다 모인다. 남편과 나란
히 그 한복을 입고 맘껏 자랑했다. 다들 부러워했다. 언젠가는 집으로
심방을 온 목사님을 정성을 들이는 마음으로 그 개량한복을 입고 맞이
하기도 했다. 정성이 담긴 선물로 나도 정성을 담으니 그것이 바로 나
를 행복하게 하는 비결이 아닐까.

퇴직한 지 19년이 되었지만 아직도 옷장 안에 개량한복 두 벌이 나
란히 걸려 있다. 옷장 안에 그분들의 따뜻한 마음이 그대로 채워져 있
다. 마음속으로 그들 가정과 자녀들, 아니 제자들의 평안을 기원한다.

세상에 하나뿐인 제자와 교사의 완벽한 만남

3부.

여럿이 함께 만든 교실 속 풍경,
교실 밖 이야기

이.
거북이 한 마리에서 시작된 경제 공부

배꽃이 하얗게 핀 과수원이 양옆으로 난 길을 자전거로 출퇴근했다. 그 시간이 즐거웠다. 파란 하늘의 구름이 예뻐서 오른쪽 핸들 위에 달린 백미러를 하늘로 향하게 하고 거울 속에 비친 하늘을 보며 페달을 밟았다.

4월 어느 날 교무실 한쪽 구석 시커먼 양동이에 생물체가 있는 것을 발견했다. 거북이었다. 느린 동작으로 움직이는 거북이를 한참 들여다보다가 이렇게 방치되어 있는 것보다는 교실로 가져가서 기르면 좋을 듯싶었다. 교감 선생님께 제안했더니 "김 선생, 절대 죽이면 안 돼요." 강한 어조로 겁을 주며 겨우 허락하셨다.

내심 주눅은 들었지만 반 아이들이 좋아할 것을 생각하며 양동이를 교실로 옮겼다. 반 아이들은 호기심 가득한 얼굴로 양동이 안의 실체가 무엇일까 궁금해하는 눈치였다. "얘들아, 내가 귀한 것을 가져왔단다. 교무실 구석에서 아무도 돌보지 않아서 우리가 잘 기르겠다 약속하고 가져왔으니 다 같이 잘 길러 보자."

쉬는 시간에 모여들어 들여다보더니 흔들어 보기도 하고 찔러도 보면서 벌써 귀찮게 한다. 주의를 주고 반장에게 학급어린이회의 시간(그 당시 매주 도요일 넷째 시간은 언제나 특활 시간이었다)에 어떻게 기를지, 거북이 어항은 어떻게 장만할지 의논하도록 특별 안건을 주었다.

드디어 그 시간이 되었다. 논의의 주인공은 거북이다. 여러 가지 의견이 분분했는데 매일매일 당번이 먹이를 주고 물도 갈아 주는 것으로 결정했다. 다음 문제는 양동이에 그대로 기를지 어항을 장만할지다. 어항을 장만하려면 돈이 들기 때문이다. 누가 목돈을 낼 것인가? 용돈은 엄두도 못 내던 아이들이기에 주머니에 돈이 있을 리가 없었다.

그때 학기 초에 전학을 온 나명수가 의견을 냈다. "과수원에서 필요한 봉지를 만들어 팔면 돈을 모을 수 있습니다." 대단한 제안이었다. 자신들의 노력으로 해 보자는 생각이다. 알고 보니 명수는 과수원 집 아들이었고 집에서 부모님이 배에 씌울 봉지를 사들이는 것을 보았던 모양이다.

다수의 찬성을 얻었다. 구체적인 계획까지 세우도록 유도했다. 그리하여 실과 시간과 미술 시간을 할애하여 배 봉지를 만들어 팔기로 결정했다. 밀가루 풀을 쑤어 올 사람을 정하고 종이는 쓸모없게 된 지난 교과서를 각자 준비하기로 했다. 회의 진행은 서툴렀지만 한 의제에 초점을 맞춘 아이들의 시선에서 희망을 보았다. 과정에 많은 아이가 동참한다는 것은 학교생활에 대한 동기 유발이 된다. 이런 일에는 학업에 대한 열등생이 따로 없어 모두가 편안하고 즐겁게 참여할 수 있다.

작업 시간이 되었다. 책상을 한쪽으로 밀어서 공간을 확보하고 몇 조로 나누어 풀 그릇을 중심으로 옹기종기 둘러앉았다. 종이 마름질은 내가 도와서 나누어 주었다. 한쪽에서 풀칠하면 다른 한쪽에서는 접어서 붙이는 작업을 해 나갔다. 얼마나 신나고 즐거워하던지. 다소 시끄러우면 어떠랴? 옆 반에 피해만 주지 않으면 된다. 머리를 맞대고 재잘거리며 부지런히 손을 움직인다. 꿈이 있어서 즐거워 보인다.

점점 봉투가 쌓여 갔다. 서툰 솜씨이지만 나름 쓸 만했다. 서로 붙지 않도록 잘 말려서 차곡차곡 묶어 건사했는데, 과연 이것을 어디에 팔아야 할지. 주변에 배 과수원이 많아 그리 큰 문제는 없을 듯했다. 선의의 목적이 있다는 것을 잘 설명하면 충분히 도와줄 것이라고 생각했기 때문이다.

그런데 판촉을 벌이기도 전에 해결되었다. 명수가 아버지께 말씀드렸더니 기꺼이 우리가 만든 봉투를 사겠다고 했단다. 매수도 얼마 안 되고 꼴은 각양각색인데 사겠다니 참 감사했다. 명수가 아버지에게 봉투 값을 받아 학급으로 가져왔다. 자신들의 노동력이 곧 돈이 될 수 있다는 것도 배웠다. 어항을 사기에는 많이 모자랐지만 모두 좋아했다. 스스로 노력으로 이룬 경제 활동의 증거물이 눈앞에 현금으로 나타났기 때문이다.

시간을 내서 읍내로 나가 꽤 큰 어항을 샀다. 물론 모자란 돈은 내가 보탤 수밖에 없었고, 유리 어항은 조심스러워 플라스틱 어항을 골랐다. 아이들을 시켜 어항에 물을 채우도록 하고 거북이를 새 집으로 이사시켰다. 아이들이 잘 볼 수 있는 위치에 놓으니 투명한 어항 속 거북이의 유영이 한눈에 보인다. "와! 거북이 만세!" 모두의 입에서 흘러나온 탄성은 스스로 해냈다는 기쁨의 소리다.

아이들은 당번이 아니어도 열심히 먹이를 챙겨 왔다. 멸치 가루, 삶은 달걀, 물풀 등 대체로 잘 먹었다. 하루는 수업하다 말고 깜짝 놀랐다. 어항 속이 완전히 핏물이 되어 있었다. '거북이 몸에 상처가 생겼나' 하고 가까이 가 봤더니 거북이는 여유 있게 유영을 하고 있다. 잘 살펴보니 핏물 위로 붕어의 부레와 비늘이 물에 반짝반짝 떠다니는 것이 아닌가? 놀란 나에게 아이들은 의기양양하게 설명했다. 등굣길에 논에서 올챙이도 잡고 붕어도 잡아서 넣어 주었다고 말이다. 그런데 곧바로 몸이 갈기갈기 찢겨서 먹혀 버린 것이다. '아, 이것을 어째?' 약육강식의 치열한 자연법칙이 좁은 공간에서 벌어진 것이다.

이후에도 몇 번 직접 현장을 목격했다. 쫓기듯 헤엄치는 물고기를 천천히 쫓아가 낚아채어 입에 물고 발톱으로 찢어서 먹어 버렸다. 삽시간에 어항 속은 핏물이 되었다. 죽임을 당하는 입장에서는 참 참혹한 일이라 보고 싶지 않았다. 더 이상 붕어를 잡아넣지 않도록 했다. 어쨌든 아이들은 동물 세계에서 벌어지는 생존 법칙의 한 단면을 눈으로 직접 목격한 것이다. 자연 속에서 벌어지는 현상을 축소된 공간에서 견학

한 셈이다.

오직 생존을 위해 펼쳐지는 약육강식, 동물의 세계가 작은 어항 속에서 펼쳐졌다. 그때 인간 사회에서는 이 논리를 함부로 적용하여 사람의 생명을 가볍게 여겨서는 안 된다고 말해 주지 못한 것은 좀 아쉬웠다.

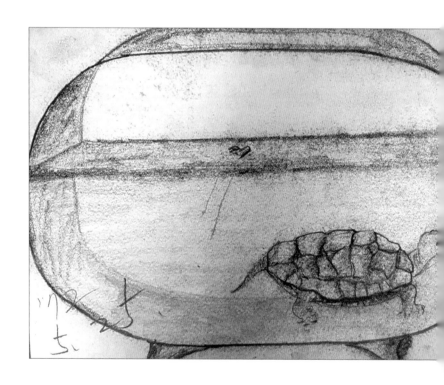

교실에 들고 날 때마다 바라보는 눈길이 곧 사랑이다. 나명수의 기발한 제안을 시작으로 모두 힘을 합쳐서 교실 분위기를 확 바꾼 셈이다. 이런 소박한 행복을 맛본다는 것은 돈으로 환산할 수 없는 가치가 되어 모두의 가슴속에 추억으로 남아 있을 것이다. 날마다 아이들의 사랑을 듬뿍 먹은 거북이는 몸을 세워 만세로 화답했다.

미끄럼틀 맨 위가 나명수다.

02.
병아리, 동물 사랑을 배우다

새 학년이 시작되는 3월은 따스한 햇살이 그리울 정도로 쌀쌀하다. 교문 앞 상인들은 입학식에 맞추어 화려한 꽃다발을 진열해 놓고 손님을 기다리고 있다. 간혹 솜털이 보송보송한 노란 병아리들이 상자 속에서 까만 눈을 반짝이며 삐악거리는 사랑스러운 모습도 볼 수 있다. 그 소리는 충분히 호기심 많은 아이의 발길을 붙잡는다. 요즘에는 학원으로 이끄는 전단지를 나누어 주는 예쁜 누나나 오빠 모습을 많이 볼 수 있지만, 그때는 새 학년이 시작되는 초등학교 교문 앞 풍경이 이랬다.

1979년 3월, 새로 전근하여 6학년을 맡게 되었다. 교실로 들어서니 꽉 찬 느낌이다. 1학년에 비해 덩치가 2배나 큰 아이가 70명 가까이 되다 보니 옴짝달싹하기도 힘든 형편이다. 분단과 분단 사이에는 큰 가방이 양쪽으로 걸려 있고 사물함도 없던 시절이라 갖가지 소지품으로 복잡하기 이를 데가 없었다. 지금 생각해 보면 어떻게 수업을 진행하고 숙제 검사를 하고 일기쓰기를 지도했을까 싶다.

아직 누가 누군지 이름과 얼굴을 기억하지 못하고 있을 무렵 조심스럽게 다가온 아이가 있었다. 명준기였다. 자신이 학교 앞에서 병아리를 몇 마리 샀는데 집에서 기를 수 없는 형편이라고 했다. 병아리를 길러 그것을 종잣돈으로 토끼도 사고 송아지도 사는 꿈을 가졌는데, 현재 세 들어 살고 있는 집주인이 병아리를 집에 들이지 말라고 했다는 것이다. 그래서 교실에서 기르면 안 되는지 선생님과 친구들 의견을 듣고 싶다 했다. 그 말을 듣는 순간 마음이 짠했다. 겸연쩍어 하는 표정 뒤로 얼마나 많이 고민한 끝에 이런 생각을 했을까 하는 그 마음이 읽혔다. 사연을 반 아이들에게 이야기하니 모두 환영한다. 문제는 교실에 공간이 없었다. 아이들이 움직일 공간도 여의치 않은데 어디에서 병아리를 기른단 말인가? 궁리한 끝에 남쪽 창문 밖 아래로 1m 폭이 채 안 되는 난간에 종이 상자를 놓고 병아리를 기르기로 했다. 아이들은 기대감에 차 있었고 준기 얼굴에는 안도하는 빛이 감돌았다.

이제 우리 6학년 2반에는 새로운 미션이 주어진 셈이다. 먹이와 물도 주고 똥도 치워야 한다. 생명을 지켜 내야 하는 책임을 공부해야 한다. 다음 날 병아리의 보금자리는 내 책상이 있는 남쪽 창문 밖 바로 아래에 마련되었다. 물그릇, 밥그릇 등도 가져왔다. 처음에는 계란 노른자나 부드러운 야채를 채 썰거나 곡식을 잘게 부수어서 주었다. 내게는 걱정이 둘 늘어난 셈이다. 내가 없는 사이 창문 밖 난간에 나갔다가 위험한 일이 생길까 봐 염려되었고, 혹시나 병아리가 자라지 못한 채 죽을까 봐 노심초사했다. 병아리의 "삐악삐악!" 소리와 함께 하루가 시작되었다. 이제 아이들은 등교하면 병아리에게 먼저 문안 인사를 했다. 나도 마찬가지다. 비바람이 치는 날에는 집에서도 병아리가 걱정되었다. 비바람이 몹시 치던 날 아침에 출근하니 아이들이 먼저 와서 들여다보고 있었다. 종이 상자는 다 젖어 쭈그러들었고 병아리들도 물에 빠진 생쥐 꼴이었다. 안쓰럽지만 어쩌랴. 한 마리, 두 마리 고난을 극복하지 못한 생명을 하늘나라로 보내는 고통도 맛보았다. 마지막 한 마리가 끝까지 건강하게 자랐다. 보송보송했던 깃털은 사라지고 제법 날개가 돋고 나니 그 귀엽던 모양은 온데간데없다.

날씨가 따뜻해서 창문을 열어 놓고 수업을 하던 어느 날 교실로 손님이 찾아들었다. "와! 병아리가 올라왔어요." 아이들은 선물이라도 받은 것처럼 좋아라 하며 그쪽으로 시선을 돌렸다. 그동안 쏟은 관심과 사랑이 병아리에게 날개를 달아 주었다. 병아리는 교실을 들여다보며 고개를 갸우뚱한다. '이 무슨 광경인가?' 의아한 듯이 수업을 참관하고 있다. "애들아, 누가 수업 태도 좋은가 병아리 님이 다 보고 계신다." 농담을 하며 그렇게 6학년 2반 가족이 되었다.

점심시간에는 내 책상 위에까지 올라와 도시락을 넘보았다. 밥알 몇 알갱이를 떼어 앞에 놓아 주면 부리로 찍어 먹거나 부리에 달라붙은 밥알을 떼어 내려고 바닥에 열심히 문질러 대던 모습이 눈에 선하다. 어떤 때는 창턱에다 실례도 했다. 뒤처리하는 아이 얼굴은 찡그리고 있지만 모두의 시선을 받아 마음은 즐거워 보였다.

주말을 보내고 출근한 어느 월요일이었다. 아이들이 난리가 났다. 병아리가 없어졌다고 말이다. 이미 중닭이 되어 버린 병아리가 탈출한 것일까? 이제 자립할 수 있다고 가출이라도 했을까? 아니면 누가 와서 채 갔나? 5층 건물에서 날았다면 안전할까? 갖가지 생각이 다 떠올랐다. 점심시간에 내려가 여기저기 찾아보았다. 학교를 관리하는 아저씨를 만나 이 이야기를 했더니 웃으시며 웬 낯선 닭 한 마리가 학교 안을 돌아다니고 있기에 잡아서 사육장에 넣었다고 했다. 반가웠다. 잃었던 자식을 찾은 것처럼 말이다. 다시 데리고 올라와 제자리에 놓았다. 모험을 하고 돌아온 놈은 무슨 생각을 했을까? '다시는 위험한 짓 안 할 거야' 아니면 '세상은 참 재미있구나' 청소년의 돌출 행동 같아서 웃음이 나왔다.

병아리에서 중닭이 되고 복날 먹잇감이 될 만큼 자란 우리 병아리는 교실 난간이 더 이상 보금자리가 아니었다. 한번 해 보더니 이제는 5층에서 아래로 나는 것이 무섭지 않고 신이 났는가 보다. 이런 일이 몇 번 더 반복되었고, 결국은 우리 품을 떠나보내야 할 때가 되었다. 여름방학도 다가와 어쩔 수 없이 학교 아저씨에게 부탁하여 사육장으로 보냈다.

"안녕! 병아리 잘 가라. 아니 우리의 친구 그동안 함께하며 즐거웠다." 작은 관심과 사랑은 한 생명을 키워 냈고, 그 보답으로 우리는 다 같이 희로애락(喜怒哀樂)을 맛보았다.

2008년 한 송년 모임에서 준기를 다시 만났다. 참 반가웠다. 준기가 나타나자 이구동성으로 병아리를 길렀던 이야기를 했다. 다시 하나의 추억담으로 모두 그때로 돌아갔다. 어릴 때 집 없는 설움을 경험했던 준기를 보자 언뜻 지금은 잘 살고 있을까? 무엇하고 사는지 묻고 싶었지만 참았다. 마음속으로는 아무쪼록 행복하게 잘 살고 있기를 기도했다. 이미 마흔을 훌쩍 넘기고 중년이 되어 흥건하게 잔을 돌리며 이야기꽃을 피우는 제자들. 청출어람 제자들 앞에서, 이미 나를 앞질러 가는 제자들에게 무슨 말을 하랴. 마음속으로는 전심으로 파이팅을 외쳐 주었다.

"애들아, 다 지나간다. 내가 이렇게 나이 들어 언제나 청춘일 수 없는 것처럼 말이야. 기쁜 날도 고통스러운 날도 다 지나간다. 구름 끼었다 해가 나고 청명했던 하늘에 먹구름이 끼듯이 인생은 그렇단다. 지금 잘 나간다고 교만할 것도 없고 지금 별 볼 일 없다고 기죽을 필요도 없다. 한 가지 분명한 것은 끝까지 포기하지 않고 성실하게 자기 자리를 지켜 나가는 거야. 우리가 병아리 생명을 지켜 냈던 것처럼 반드시 열매가 맺힌다는 믿음과 소망을 가지자. 6학년 2반 힘내라. 준기야, 파이팅!"

03.
경.사.모: 내 이름으로 된 카페가 있다

퇴직하고 몇 년이 지난 어느 날 저녁을 먹고 쉬고 있는데 초인종이 울렸다.

"누구세요?"

"선생님, 저는 부흥초등학교 졸업생 김학준입니다. 기억하시는지요?"

"아! 학준이? 당연히 기억하지."

문을 열고 나가니 키가 큰 아저씨 둘이서 빙긋이 웃으며 서 있었다. 뜻밖의 손님을 맞고 얼마나 놀랍고 반가웠던지. 37년 전의 승준이와 학준이가 이런 모습으로 변하여 찾아왔다. 길에서 만나면 알아보지도 못하고 "아저씨!" 하고 부를 판이다.

근처 음식점에 가서 식사를 하며 그동안 쌓인 이야기를 나누었다.

우선 어떻게 나를 찾을 수 있었는지가 제일 궁금했다. 인천을 떠나 서울에 와서도 학교를 4개나 거쳤고, 지금은 이미 명예퇴직하고 7년이나 흘렀는데 말이다.

들고 보니 나를 찾느라 고생을 참 많이 했다. 교육청에 문의해서 온갖 노력을 기울여 짐작되는 김경희 주소를 내비게이션에 찍어 무작정 왔다고 한다. 나도 놀랐지만 자신들도 놀라고 있었다. 자신들의 끈질긴 노력이 현실로 다가와 선생님과 이렇게 마주하게 된 것이 꿈만 같다면서 말이다.

그 후 경사모(경희를 사모하는 모임의 줄임말) 카페를 만들고 그것을 바탕으로 많은 제자를 다시 만났다. 2007년 7월 7일 돌로 만든 묵직한 감사패도 받았다. 찾아서 불러 준 것만도 고마운데 갖가지 선물에 이런 것까지 준비하다니 낯이 뜨거웠다. 67명이나 되는 다인수 학급에서 내가 무엇을 어떻게 가르치고 인성 함양을 위한 생활 지도를 어떻게 했을까 나 자신조차 이해하기 어려울 정도인데……

아이들을 만나고 하나둘 기억이 떠올랐다. 당시 각 학교에서는 한 학급씩 지명하여 수업을 평가하는 제도가 있었다. 윗분들이 나를 지명하여 어쩔 수 없이 공개 수업을 할 수밖에 없는 처지였다. 승진을 위해 점수를 쌓을 일이 없던 나로서는 큰 부담이 되었지만 명령이니 그대로 따를 수밖에 없었다. 방법은 평가단이 지정된 학급을 돌며 수업을 분석하는 것이다. 플랜더스(Flanders) 언어상호작용 분석에 따라 수업의 질을 평가한다. 그때부터 수업 시간마다 꽤나 신경이 쓰였다. 각 학교에서 차출된 교사로 구성된 평가단이 내 수업을 속속들이 분석한다니 얼마나 긴장되는지? 윗분들이 연수 시간이면 자주 쓰는 말이 있다. "교육(教育)의 질(質)은 교사(教師)의 질을 넘을 수 없다." 이 유명한 교육 격언을 들이대며 은근히 압박하곤 했다.

그렇다면 교사의 질은 무엇이란 말인가? 말할 것도 없이 수업으로 증명되는 것이다. 이렇게 자신을 낱낱이 까발리는 수업을 해야 했다. 교사의 발문이 지시적인지, 비지시적인지, 그리고 얼마나 재생적이고 추론적이며 적용적 발문인지, 또 아동은 얼마나 상호 간에 자유롭게 능동적으로 열린 발문을 이어 가며 학습 목표에 도달하는지를 분석하는 것이다. 평가단은 열 가지 항목에 맞추어 3초마다 원고지에 해당 항목 번호를 기록하여 통계를 낸다. 내 수업이 그대로 수치로 계량화되고 객관화되어서 드러난다. 발표력이 왕성한 몇 명을 제외하고 대부분의 아이는 꿀 먹은 벙어리였다. 어떻게 해서라도 많은 인원이 수업에 활발하게 참여하도록 하는 것이 큰 과제였다. 그것도 학습 목표를 향해 흐름을 이끌어 가야 하는 기술이 필요했다.

이런 교육 이론을 아이들에게 설명하기도 힘들고 훈련도 되지 않아서 하루아침에 바꿀 수는 없었다. 어쩔 수 없이 희곡 각본을 짜듯 아이들을 지명하여 어떤 식으로 발표할 것인지 설명해 주며 모든 교과 시간을 이용하여 사전 연습 수업을 해 나갔다. 눈에 띄게 발전한 아이도 있었고, 원래부터 논리적으로 발표를 잘했던 몇몇 아이는 날로 발전했다. 절반 이상이 거수를 하여 겉보기에는 수업이 잘 진행되는 것처럼 보였지만, 가끔은 눈에 띄고 싶은 욕심만 앞세워 내용과 동떨어진 발표를 하는 아이들도 생겼다. 당일에는 '명량해전'으로 국어 수업 계획을 짰다. 자칫 역사적 사실에 접근하다 보면 사회 시간처럼 흘러갈 수 있어 학습 목표를 확실히 인지하고 수업을 진행해야 했다.

지금처럼 통섭 개념이 없었던 그 시절에는 국어 시간과 사회 시간을 분명히 구분하지 않으면 지적을 받기도 했다. 평가단 앞에서 아이들도 긴장하고 나도 긴장했지만 마치고 나니 좋은 경험이었고 수업에 자신감도 붙었다. 평가단에 참여했던 선생님의 비공식적인 정보로는 우리 반 수업이 가장 좋은 평가를 받았다고 했다. 그런데 수업 평가를 받은 선생님 중 한 분이 빨리 교감 승진 점수를 받아야 해서 그분에게 최우수를 주었다고 한다. 들러리를 선 느낌이 없지 않았지만 나는 승진 욕심이 없었고, 실제로 수업에 많은 도움이 되었기에 그것으로 충분히 만족했다.

이런 과정을 거치는 동안 아이들과 교감도 깊이 쌓아 갈 수 있었고,

그것 때문에 잊을 수 없는 제자들로 오늘까지 남아 있지 않았나 싶다. 그 복잡한 교실에서 가사 실습도 했다. 음식을 만들어 분단별로 차려 놓고 다른 반 선생님들도 초대했다. 요즘처럼 주방 기구나 화기가 간단하지 않던 때라 그것을 일일이 준비시켜서 분단 조직을 하고 메뉴를 정해 실습을 했다. 지금 생각해 보면 끔찍하기까지 한 일을 겁도 없이 실행했다.

성인이 된 제자들을 만났을 때 반응을 보면, 지식을 쌓는 일보다 삶의 가치관 형성에 관련된 좋은 이야기를 들려주었을 때가 더 기억에 오래 남았다고 한다. 뚜렷한 목표가 따로 있었던 것은 아닌데, 그렇게 교단을 지켜 왔던 것이 마음 밭에 뿌려지는 영양제가 되었던 것 같다.

오랜만에 경사모 카페를 방문했다. 살아가기가 녹녹하지 않은지 최근에는 올린 글이 없었다. 임재범의 〈사랑 그놈〉이 배경 음악으로 흘러나오고 있었다. 카페지기가 올렸나? 누가 이토록 사랑 때문에 힘들까? 절규하는 노랫말에 빨려 들며 여러 글과 사진들을 둘러보고 있자니 초등학교 제자들이 아니라 인생 여정의 굴곡들을 헤쳐 나가며 열심히 사는 친구 같은 중년의 모습들이다. 음식점, 안경점, 사업가, 공무원, 목사님 사모, 여러 종류의 자영업, 태권도장, 편의점주, 사진전문가 등 다양한 직업에 종사하며 열심히들 살고 있다. 그들의 삶 속에는 애잔한 사연도 많으리라. 모두들 행복하라고 온 마음으로 응원해 본다. 아직도 그들에게 관심과 사랑을 주고 있는 선생님 마음이다.

교사가 하기 싫은 일을 만났을 때

　사람은 누구나 약간의 소질이 있거나 조금 더 흥미를 가진 분야가 있다. 반대로 정말 하기 싫은 분야도 있다. 내게는 그 하기 싫은 분야 중 하나가 무용, 춤이었다. 요즘 같이 노래와 춤이 대중적인 분위기가 되어 버린 세대는 이해하지 못하겠지만 성격상, 아니 자라 온 환경 탓인지 그것이 참 힘들었다.

　1960~1970년대는 추석 무렵이 되면 초등학교에서 가을 대운동회를 대대적으로 펼쳤다. 시골에서는 타지로 나갔다가 고향을 찾아온 사람들까지 다 모이는 지역 마을 잔치라 해도 과언이 아니었다. 재학생이 주체였지만 졸업생뿐만 아니라 학부모, 지역 어른들까지 만사를 제쳐 놓고 함께 참여하여 즐기는 운동회였다. 고학년은 매스 게임과 단체 무용을 꼭 선보여야 했다. 운동회 연습은 여름 방학이 끝나자마자 시작하

여 한 달 이상 오전 수업을 마친 후 거의 운동장에서 지냈다. 운동회는 좋았지만 무용만은 정말 하기 싫었다. 그럼에도 머릿속에 뚜렷이 각인된 단체 무용이 있다. 지도하신 선생님 성함과 얼굴까지 기억난다. 한 학년 인원수가 적어서 5~6학년이 합동으로 하게 되었다. 기다란 대나무 쪽에 하얀 천을 말아서 양 끝을 잡고 아치 모양을 그리며 하는 무용이다. 차림은 위는 흰색 티셔츠, 아래는 흰색 맞주름 치마를 입고 하얀 장갑을 꼈다. 당시 5학년이던 내게는 생전 처음 들어 보는 음악에 맞추어서 동작을 표현하는 것이 너무 어려웠다. 초가을 뙤약볕 아래에서 같은 내용을 반복하여 연습하는 것이 정말 지루했다. 그렇지만 교사 입장에서는 일사불란하게 맞추어야 하기 때문에 그럴 수밖에 없었을 것이다. 그 어려운 음악을 듣고 또 들으며 동작을 외워야 했다. 반복해서 익숙해질 때쯤에는 동작과 음악이 경쾌하게 느껴지기도 했다.

읍내 중학교에 입학하고 클래식 음악을 좋아하는 친구를 사귀면서 나도 음악을 좋아하게 되었는데, 어느 날 라디오에서 귀에 익은 음악이 흘러나왔다. 바로 초등학교 운동회 때의 무용곡인 요한 슈트라우스 2세의 〈아름답고 푸른 도나우 강〉이었다. 순간 멜로디와 무용 동작이 머릿속에 그려졌다. 당시에는 지루했었던 그 음악이 친숙하고 경쾌하게 들렸다. 하얀 대나무 아치가 허공에 그려졌던 아름다운 영상도 떠올랐다. 신기했다. 동유럽을 여행할 때도 그 도나우 강을 보면서 유년 시절이 떠올랐는데……. '아! 그때 그렇게 힘들게 했던 도나우 강이구나.' 지나고 보니 아름다운 추억이었다. 클래식 음악에 귀를 열어 준 시작점이기도 했다.

유년 시절의 기억은 참 소중하다는 것을 체험한 계기였다. 하기 싫은 것도 선생은 해야 한다. 아이들에게 좋은 추억을 남겨야 하는 사명자여야 했다. 내가 정말 소질이 없어 못하는 것인가? 아니면 마음으로 준비하지 않는 것인가? 1970년대 초에는 여교사 수가 그리 많지 않아서 여교사 중 나이가 어리면 무조건 운동회 무용을 담당했다. 정말 죽을 맛이었다. 그래서 여름 방학이면 무조건 운동회를 대비한 무용 강습을 수강했고, 심지어는 소질이 없다 보니 자비를 들여서까지 강습에 참여했다. 운동회 무용을 잘 치르기 위한 자비량 연수인 셈이었다. 몇 해를 두고 같은 단체의 강습에 참여했더니 그 단체에서 초등 무용 교육 공로자라며 표창장을 보내오는 웃지 못할 일까지 생겼다. 내가 가장 싫어하는 분야에서 상을 받다니 참으로 모순이다.

그렇게 초년 시절을 보내고 인천 만석초등학교에서 1986년도에 1학년을 담임했을 때 또 한 차례 홍역을 치렀다. 평교사는 윗분들 지시가 있으면 거의 거부할 수가 없다. 무용경연대회에 아이들을 연습시켜 출전하라는 지시를 받은 것이다. 그때는 여교사 수가 많았지만, 어차피 저학년 교사는 수업 시수가 적기 때문에 1학년을 연습시켜 참여해야 했다. 다시 또 소질 없는 분야에서 없는 재주를 끌어냈다. 아무래도 학교 간 경연대회였으므로 대충할 수는 없어서 인근의 무용 학원을 수소문하고 여기저기 정보를 입수하여 안무를 받았다. 전문 강사 선생님이 지도하면 그것에 따라 연습시키는 것은 내 몫이었다. 1학년 학부형에게 안내장을 발송하고 희망자를 뽑아 연습에 돌입했다.

발표할 주제는 부채춤 군무였다. 초등교사는 만능이어야 한다. 내 어린 시절의 추억이 남겨 준 메시지를 생각하며 마음과 뜻과 정성을 다하여 준비했다. 단순히 대회에 출전해서 상을 받는 것을 최종 목표로 삼아서는 안 된다. 이것을 통해 꿈을 심어 주어야 한다. 아름다운 기억으로 남아야 한다. 마음속에 계속 그런 울림이 있어서 아이들이 즐거운 시간을 보내도록 교사의 힘을 뺐다. 의상을 차려 입은 아이들은 즐겁고 행복해 보였다. 만면에 즐거움이 가득한 상기된 표정이다. 잔칫날 우울해서도 안 된다. 그냥 재미있게 열심히 하자. 그렇게 생각하니 어려울 것도 없었다. 무엇이든 욕심이 들어갈 때 더 힘든 법이다.

대회 당일 나름대로 순서를 놓치지 않고 잘했지만 입상은 우리 몫이 아니었다. 그러나 무대 위에서 경험하는 색다른 긴장감, 그리고 실수 없이 해냈다는 성취감이 바로 우리가 받는 상이라고 생각했다. 불가능할 것 같던 일을 해냈다는 것에 나 자신도 보람을 느꼈다. 제목도 모른 채 〈아름답고 푸른 도나우 강〉이 귀에 박혔던 내 유년의 경험처럼 분명히 이 아이들도 우리 전통 음악의 장단이 어떻게 빨라지고 느려지는지, 부채춤의 춤사위는 어떤지 알게 되었을 것이다. 비록 경연이지만 즐거움 속에서 이루어지는 배움이 진정 내 것이 된다고 확신한다. 입학할 때는 아기 같던 아이들이 꽤 성숙해 보였다. 결과에 상관없이 사랑스러웠다.

05.
교실 연극: 거위 튀김 vs 통닭 튀김

　지금도 3학년 국어 교과서에 〈외다리 거위〉 희곡이 실려 있나 모르겠다. 내가 재직하던 1990년도에는 이 내용으로 수업을 했었다. 참 재미있었다. 물론 3학년 수준에도 딱 맞았다. 거위 튀김을 좋아하는 왕자님, 충성된 신하, 능청스러운 요리사와 마음 약한 조수가 벌이는 유쾌한 이야기다. 일상의 수업 형태에서 벗어나 한바탕 웃으며 이벤트를 벌일 수 있는 교재다. 이 이야기를 간략히 소개하면 이렇다.

　거위 튀김을 준비한 요리사는 식탁 위에 차려진 거위 튀김이 너무 먹음직스러워 조수 앞에서 만용을 부리며 한쪽 다리를 쭉 뜯어내고는 거위를 살짝 뒤집어 놓는다. 이 사실을 발견한 왕자가 다리 하나가 어디 갔는지 추궁하자 요리사는 이 거위는 원래 다리가 하나밖에 없었다고 둘러댄다. 창밖에 있는 거위들도 다리 하나로 서 있지 않느냐며 말이다. 이때 한 충성스런 신하가 나팔수에게 나팔을 불게 하여 거위를 움직이게 함으로써 거위 다리가 2개인 것을 증명해 보인다. 왕자는 궁지에 몰린 요리사에게 빠져나갈 구멍을 주고자 거위 튀김에도 '부우' 하고 소리쳐 보라고 말한다. 그러면 다리가 2개가 될 것이라고 말이다. 능청스런 요리사는 이 기회를 놓치지 않고 이 거위 튀김을 요리할 때는 나팔을 불지 않아서 그런 것이므로 앞으로는 꼭 나팔을 불어 두 다리 거위 튀김을 올리겠다고 말한다. 이렇게 갈등은 해결되고 모두 '하하하' 웃으며 막이 내린다.

등장인물도 많지 않고 무대 꾸미기도 복잡하지 않아서 손쉽게 할 수 있었다. 단원 마지막 단계에서 실제 연극을 하기로 했다. 등장인물이 4명뿐이어서 되도록 많은 아이가 참여할 수 있도록 분단별로 경연하듯이 공연하기로 했다.

· 공연일: 1990년 10월 31일
· 단원 8: 우리들의 잔치(외다리 거위)
· 학습목표
 − 등장인물의 성격을 알 수 있다.
 − 등장인물의 성격에 맞는 표정으로 말할 수 있다.

드디어 공연날이다. 책상을 뒤로 밀고 앞에 무대를 꾸몄다. 식탁 위에 꽃병도 장식하고 거위 튀김 대신 통닭을 접시에 담아 놓았다. 아이들 눈길은 희곡에서처럼 통닭에 쏠렸다. 갈색으로 잘 구운 반질반질 윤나는 통닭에서 고소한 냄새가 솔솔 풍겨 요리사 심정을 충분히 이해할 수 있을 듯한 상황이 자연스럽게 연출되었다. 출연하는 아이들은 배역에 맞게 왕관도 준비하고 요리사는 주방장 모자를 쓰고 등장했다. 등장인물과 관객 모두 행복한 시간이다. 한 팀이 끝날 때마다 박수가 터져 나왔다. 어린 마음에 최고의 배우들로 보였을 것이다. 그리고 각자 마음속에서 평가했을 것이다. 누가 어느 부분에서 잘했고 어느 부분에서 아쉬웠는지 말이다. 연극이 끝나고 기념 촬영도 했다. 자리를 정돈하고 연극 준비부터 결과까지 잘된 점과 아쉬웠던 점을 함께 나누었다. 담임으로서도 즐거운 시간이었다.

이제 아이들 관심은 식탁에 올랐던 '거위 튀김' 대용품인 통닭에 있다는 것을 잘 안다. 하교하기 전 아이들을 한 줄로 세우고 통닭을 찢어서 소금을 살짝 찍어 한 입씩 입에 넣어 주었다. 충분하지는 않았지만 오병이어의 기적처럼 모든 아이에게 고소한 입맛을 보였다. 간에 기별이나 갔을까? 어미가 물어 온 먹이를 받아먹는 제비 새끼처럼 차례를 기다려 입을 벌리는 아이들이 얼마나 사랑스럽던지. 하루 일과를 마치고 나니 통닭 두세 마리로 큰 잔치를 치른 느낌이었다.

다음 날 일기장 검사를 하며 웃음이 절로 나왔다. 물론 전날 일기는 대부분 연극 이야기가 차지하고 있었다. 그러나 나를 웃게 한 것은 통닭이었다. 그날 집에 가서 통닭을 먹었다는 내용이 많았기 때문이다. 학교에서 맛본 닭고기 한 점이 간에 기별도 안 가고 혀끝만 자극한 탓이었을까? 부모님을 졸라 기어코 통닭을 먹었다는 내용이다. 역시 3학년 아이다운 모습이다.

그때 그 아이들의 나이를 따져 보니 38살이다. 결혼한 아이도 있을 테고 아직 미혼인 아이도 있을 테고. 어디선가 한자리에 모여 '통닭'을 먹게 되면 〈외다리 거위〉의 추억 한 장면으로 이야기꽃을 피우지 않을까? 내게도 손에 기름을 묻히며 통닭 한 점씩 먹여 주던 추억이 행복한 영상으로 스치고 지나간다.

06.
봉숭아 물들이기로 EQ를 높이다

어릴 적 여름 방학 무렵이면 내가 살던 집 울안에는 봉숭아가 한창이었다. 쌍떡잎 싹이 올라올 때부터 봉숭아라는 것을 알아볼 수 있을 정도로 관심이 많았다. 봉숭아가 활짝 필 그날을 손꼽아 기다리며 물도 열심히 주었다. 날마다 얼마나 자랐는지 들여다보는 것이 중요한 일과 중 하나였다. 화단을 열심히 가꾸던 엄마는 칸나를 좋아하셨지만, 나는 여름 화단을 장식하는 채송화, 백일홍, 맨드라미, 분꽃 등 토종 꽃 중에 유독 봉숭아를 좋아했다. 내 손톱을 새빨갛게 물들여 줄 것이라는 꿈이 있기 때문이다. 조롱조롱 매달려 있는 사랑스런 봉숭아를 따는 것이 조금은 미안했지만, 꽃과 파란 이파리를 몇 장 따서 장독대 넓적한 돌 위에 올려놓고 짓찧는다. 백반도 있으면 넣고 말이다. 새빨갛게 물이 든 손톱을 상상하며 마음은 마냥 즐거웠다.

하루 일이 끝난 저녁 시간이 되면 타작마당에 멍석을 펼쳐 놓고 그 위에 매끈한 왕골자리를 깔고 둘러앉는다. 어른들은 동네에서 생긴 이런저런 이야기를 나누고 아이들은 어슴푸레한 어둠 속에서 찧어 놓은 봉숭아를 손톱 위에 올리고는 콩잎이나 아주까리 잎으로 싸서 풀리지 않도록 실로 칭칭 동여맨다. 칠월 칠석을 기다리는 견우와 직녀성, 그리고 은하수가 우리를 내려다본다. 가끔 별똥별도 볼 수 있다. 쑥을 태우는 매캐한 냄새가 모기를 쫓아내며 우리 행사를 도와주고 찐 옥수수, 감자 등 먹을거리도 같이 합석한다. 그날 밤은 열 손가락을 뻗치고 자야 하는 고충을 각오해야 한다. 행복한 불편을 감내하고 새빨개져 있을 손톱을 상상하며 한여름 밤의 꿈속으로 들어간다. 쇼팽의 야상곡도 필요 없다. 마당 끝 풀숲에서 부르던 풀벌레 합창 교향곡도 꿈결 속으로 아스라이 멀어져 간다. 시골을 고향으로 둔 사람들은 이런 추억 한 편은 다 간직하고 있을 것이다.

1994년 5학년을 담임할 때 일이다. 학년 초가 되면 해당 학년에서 필요한 학습 자료를 미리 확인해 둘 필요가 있다. 시기를 놓치지 말고 화분에 씨를 뿌려 재배해야 하는 자료도 있기 때문이다. 요즘에는 학교 앞 문방구에서 미리 다 준비해 두어서 별로 문제가 없지만, 그 당시에는 미처 준비하지 못하면 자료 없이 맨손으로 수업해야 했다. 5학년 자연 과목에는 흰 봉숭아로 식물의 물관과 체관을 눈으로 확인하는 관찰 학습이 나온다. 5학년 담임을 맡으면 으레 학년 초부터 긴 화분을 준비해서 남쪽 창가에 봉숭아 씨를 뿌려 재배했다. 싹이 나서 꽃이 필 때까지 말이다. 때가 되면 붉은 줄기 봉숭아는 남겨 두고 흰 봉숭아는 실험용으로 밑동을 잘라 붉은 물감을 푼 플라스크에 담가 놓고 관찰한다. 연한 연두색을 띤 흰 봉숭아의 줄기가 시간이 지남에 따라 술 마신 아저씨 목덜미처럼 빨개지기 시작한다. 나중에는 이파리 끝까지 빨개지는 현상을 보게 된다. 플라스크에 있던 붉은 물이 어떻게 봉숭아 이파리 끝까지 올라갔을까? 줄기를 잘라서 단면을 현미경으로 관찰하면서 식물의 물 빨아 올림 현상을 확인하는 흥미로운 단원이다. 누구나 재미있어 하고 수업도 성공적으로 마칠 수 있다.

관찰 학습이 끝나고 나면 더 중요한 일이 남아 있다. 나에게는 반드시 해야 하는 일처럼 여겨지는 봉숭아 물들이기다. 내 유년의 봉숭아 물들이기 추억이 나를 그냥 두지 않기 때문이다. 과학실에서 막자사발과 백반을 가져다 남겨 둔 붉은 봉숭아 꽃잎을 찧어 반 전체가 할 수 있을 만큼 준비해 놓고 당일은 가능하면 판서도 하지 않는다. 그날은 특별 수업을 하는 날인 셈이다. 자습할 과제를 주고 조용히 한 사람씩 불러내어 손톱에 봉숭아 물들이는 작업을 한다. 행여 소문을 듣고 관리 감독하러 교장 선생님이나 교감 선생님이 오실까 봐 쉬쉬하면서 말이다. 여학생들은 아주 좋아했는데 남학생 몇 명은 쑥스러운지 하지 않으려고 했다. 그러나 결국은 한 사람도 빠짐없이 다 내게 손을 내밀었다. 여자아이들은 두 손가락씩 양손에 네 손가락, 남자아이들은 엄지손가락이나 새끼손가락 1개 정도 자신이 하고 싶은 손가락을 골랐다. 모두 손가락 몇 개씩 다친 것처럼 싸매고 하교한다. 그날은 싸맨 손가락 때문에 청소도 대충하는 보너스를 받은 날이다. 다음 날 아이들 반응을 기대하며 방과 후 시간을 보내는 것도 내게는 행복한 일이었다.

아침에 등교한 후 아이들은 서로의 손을 들여다보며 봉숭아물이 잘 들었는지 감탄도 하고 실망도 한다. 이런 모습들이 얼마나 정겨운가. 아이들 표정을 보며 혼자 흐뭇해했다.

교육 과정 어디에 봉숭아 물들이기가 있냐고 말할지도 모르지만 나름대로 도심 아이들의 메마른 정서를 살려 주고 싶었다. 비록 은하수도 안 보이고 시냇물도 없는 아파트 정글 속에서 살지만 시멘트 블록 틈새에서 가까스로 피어난 오랑캐꽃이나 민들레의 노란 유혹에 가던 발길을 멈추고 감동할 수 있는 마음을 살려 주고 싶었다. 그런 정서가 얼마나 귀한가.

그 후 중학생이 되어 편지를 보내온 한 제자는 5학년 때 가장 기억에 남은 일로 많은 아이가 봉숭아 물들이기를 꼽았다고 전해 주었다. 학습에서 얻은 지식이 아니라 감성을 자극하는 이야기나 활동이 우리 삶의 윤활유가 되며, IQ가 아닌 EQ를 높여 가는 중요한 요소라고 생각한다. 바로 봉숭아 물들이기가 그런 역할을 하지 않았을까?

2년 전에 미술 치료를 이용한 노인 상담 교육을 받았다. 노년이 되면 사회에서 소외되었다고 생각할 수도 있는 노인들의 자존감을 향상하여 우울증도 예방할 수 있음을 배웠다. 그 과정 중에는 '자화상 그리기'라든가 '자랑스러운 나의 손' 그리기, '봉숭아 물들이기'로 추억을 회상하는 부분이 있다. 그다음 주에는 많은 수강생이 매니큐어가 아닌 봉숭아물로 손톱을 물들이고 출석했다. 어린 시절의 행복했던 추억이 현재 삶 속으로 흘러들어 메말랐던 감성이 다시 살아나는 좋은 예라고 생각한다.

교실 창가에서 봉숭아를 기르고, 그것으로 관찰 학습을 하고, 또 손톱에 물들이기까지 했던 기억이 그 아이들 마음속에는 분명히 행복한 추억으로 남아 있을 것이다. 선생님 손에 잡혀 봉숭아물을 들였던 그 이벤트가 말이다.

퇴직 후 일상에서 다시 또 봉숭아의 추억이 탄생되었다.

봉숭아의 곁방살이

2014년 가을부터 겨울 첫눈이 내린 후까지 있었던 봉숭아 이야기다. 왼쪽은 2014년 11월 9일 사진이다. 어느 날 산책길에서 예쁜 봉숭아를 발견했다. 다 영근 씨앗이 터지는 것이 재미있어 건드려 보았다. 톡 터지며 손바닥에 떨어진 씨앗을 휴지에 말아 주머니에 넣어 왔다. 집에 와서 씨앗 뿌릴 꽃밭도 없고 마당도 없어 그냥 선인장 화분에 떨어뜨려 놓았다.

얼마 후 화분에 물을 주려고 들여다보니 콩나물보다 작고 동그랗게 생긴 떡잎의 어린 싹이 가녀리게 뻗어 나와 있었다. 봉숭아 씨앗을 떨어뜨려 놓은 것을 까맣게 잊어버려 도대체 이 싹은 뭘까 궁금해하며 기다려 보았다. 끝까지 살 수 있을까 하는 의구심을 가지고 살펴보니 하루하루 다르게 커 가는 것이 너무나 신통했다. 본잎이 나오면서 봉숭아인 것을 알 수 있었고 정말 건강하게 자라고 있었다. 드디어 원래 주인인 선인장을 밀어내고 주인 행세를 하듯 기세 좋게 꽃도 피워 냈다. 힘찬 생명력에 박수를 보내지 않을 수 없었다.

12월 14일, 흰 눈이 이미 산야를 덮고 크리스마스를 앞둔 때 봉숭아가 햇빛도 부족한 열악한 환경에서 무성하게 꽃을 피웠다. 그 힘을 자랑하듯 화려하게 거실을 장식했다. 곁방살이의 인간 승리가 아닌 선인장 곁에서 일군 '봉숭아의 승리'라고나 할까. 그것도 서로 공생하면서 말이다.

그즈음에 숲해설가이자 에코 CEO인 김용규의 『숲에게 길을 묻다』를 읽고 있었다. 저자는 선택권 없이 태어나는 숲 속 식물에 '숙명'이라는 소제목을 붙이고 "숲에는 태어난 자리를 억울해하는 생명이 없다."
라고 언급했다. 큰 나무 아래 태어난 생명도, 바위틈에 태어난 생명도,
물이 없는 비탈에 태어난 생명도 억울해하지 않으며 햇빛과 물을 찾아
최선의 노력을 하며 열심히 살아 낸다는 숲 속 이야기를 들려준다.

바로 이 봉숭아가 그 모습을 대변해 주고 있는 것 같았다. 태어난 자리
를 억울해하며 좌절하여 스스로 자멸의 길을 가는 사람도 있을 수 있
다. 특히 요즘 같이 청년 세대의 형편이 어렵다 보니 금수저, 흙수저로
태어난다는 신조어도 생겨났다. 하지만 이 봉숭아는 처음에는 콩나물
보다 더 가녀렸지만 이렇게 씩씩하게 꽃을 피워 내고 우리 집 베란다
의 겨울을 환하게 밝히며 내게 생명력의 위대한 힘을 과시하고 있다.

"너도 이렇게 인생을 경영하라."라고 격려하듯이 말이다. 정말 사랑스
럽다.

드디어 해를 넘기고 2015년 1월 27일이 되었다. 그 봉숭아는 새해를 맞이할 때까지 그 자리를 지키고 있었다. 그러나 인생의 노년이 힘들고 추해질 수 있듯이 생명을 다하고 죽음을 예고하는 봉숭아의 몰골은 초라했다. 나는 동물의 안락사를 생각하며 과감히 봉숭아 줄기와 잎을 뜯어내어 그 화려하고 찬란했던 열정의 생명력을 내 손톱에 흔적으로 남기기로 했다.

우리 인생의 한 장면 한 장면이 멈추어 있지 않고 지나가듯이 봉숭아의 아름다웠던 시절도 지나가며, 현재의 내 모습이 결코 미래에도 이 모습으로 유지되지 않는다는 것을 시사하는 듯하다.

오늘 봉숭아 이야기를 다시 떠올리며 언젠가 우리는 주님 앞에 서게 될 텐데 무엇을 남기고 갈 것인가? 무엇을 가지고 갈 것인가? 남겨진 것이 아름다울지 추할지 반문해 보았다.

한낱 피었다 시들어 버린 짧은 생명의 봉숭아였지만 내게 많은 것을 시사해 주었다. 내게 주어진 오늘을 불평하지 않고 감사하며 열심히 살기로 다짐해 본다. 작은 봉숭아의 생명을 내가 새롭게 태어나게 해 주었듯이 주님이 주신 말씀에 순종하며 말씀을 삶으로 살아 내기 위해 안간힘을 쓰노라면, 주님도 내 편이 되어 주시고 그 안에서 주님 주시는 평안을 마음껏 누리는 복이 있을 것이라고 확신한다.

07.
개교 학교에서 만난 방과 후 아이들

1996년 3월 개교하는 학교로 발령을 받았다. 그러나 아직 학교가 준비되지 않았다. 3월 학기가 시작했는데도 준공 검사가 끝나지 않아 저학년과 고학년으로 나누어 인근 학교에서 2개월 이상 더부살이하며 어수선하게 지냈다. 수업이 끝나면 직원들은 다시 소지품을 꾸려 한 장소에 모여 수업 준비와 개교에 필요한 작업을 해야 했다. 행정 당국의 미흡한 대처로 아이들도 교사도 불편함을 겪을 수밖에 없었다. 개교하는 학교에서는 준비할 것이 많다. 아이들이 불편 없이 공부할 수 있는 시설도 중요하고 아무것도 없는 상태에서 복도나 교실 환경도 꾸며야 한다. 다행히 학부모들이 굉장히 협조적이어서 새 건물의 청소라든가 부수적인 잡다한 일들을 내 집 일처럼 나서서 해결해 주었다.

전 직원이 환경 구성에 힘을 쏟고 있을 때 나는 교감 선생님의 특명을 받았다. 본관 들어오는 입구 현관에 서예 작품을 걸어 놓을 수 있도록 준비하라는 것이다. 벽면이 넓어서 큰 작품을 걸어야 했다. 고심 끝에 헨리 반 다이크(Henry Van Dyke, 1852~1933)의 시를 교육학자 오천석 선생님이 옮긴 〈무명교사 예찬〉에서 일부를 가려 썼다.

무명교사 예찬

— 헨리 반 다이크

나는 무명의 교사를 예찬하는 노래를 부르노라.
전투에 이기는 것은 위대한 장군이로되
전쟁에 승리를 가져오는 것은 무명의 병사로다.

새로운 교육 제도를 만드는 것은 이름 높은 교육가로되
젊은이를 올바르게 이끄는 것은 무명의 교사로다.

그는 청빈 속에 살고 고난 속에 안주하도다.
그를 위하여 부는 나팔 없고 그를 태우고자 기다리는 황금의 마차는 없으며
금빛 찬란한 훈장이 그 가슴을 장식하지 않는도다.

묵묵히 어둠의 전선을 지키는 그 무지와 우매의 참호를 향하여 돌진하

는 이려니

날마다 날마다 쉴 줄 모르고 청년의 원수인 악의 세력을 정복하고자 싸우며

잠자고 있는 정기를 일깨우도다.

게으른 자에게 생기를 불어넣어 주고, 하고자 하는 자를 고무하며

방황하는 자에게 안정을 주도다.

학문의 즐거움을 가르치며 지극하고 값있는 정신적 보물을

젊은이들과 더불어 나누어 가지도다.

그가 켜는 수많은 촛불, 그 빛은 후일에 되돌아와 그를 기쁘게 하나니

이것이야말로 그가 받을 보상이로다.

지식은 책에서 배울 수 있으되 지식을 사랑하는 마음은 오직

서로의 접촉에 의해서만 얻을 수 있는 것이로다.

나라 안을 두루 살피되 무명의 교사보다

더 찬사를 받아 마땅할 사람이 어디 있으랴.

민주 사회의 귀족적 반열에 오를 자, 그 밖에 또 누구일 것인고

자신의 임금이요, 인류의 종복인저

만족스럽지는 못했지만 가까스로 졸작을 완성하여 중앙 현관에 걸었다. 오고 가는 사람들이 보게 되면서 방과 후 특기적성 교육으로 서예 지도를 맡게 되었다. 3~4학년을 중심으로 희망자를 받아 서예반을 꾸리고 새로운 아이들과 친구가 되었다. 미술실이나 특별실이 따로 없는 상태에서는 많은 어려움이 따른다. 새 건물이라서 벽이나 바닥에 얼룩 한 점 없다. 먹물 한 방울이라도 튈까 봐 얼마나 조심스러웠던지. 아마도 처음에는 가르치는 일보다 주의 사항을 숙지시키는 일에 에너지의 절반은 썼을 것이다. 그럼에도 아이들은 즐거워했다. 기초부터 시작하여 한 단계씩 오르며 결과에 너무 집착하지 않기로 마음먹었다. 우선 천방지축으로 행동하는 아이들을 조용히 앉혀 놓는 일부터 해야 한다. 여학생과 남학생이 어우러지면 말과 행동이 더 많아지는 것이 인지상정인가 보다. 무엇에 관심이 더 있는지는 알 수 없었지만 간단하지 않은 준비물을 챙겨서 그래도 열심히 참여했다. 1~2명이 성과를 보이며 열심히 집중하자 나름 경쟁의식이 발동했는지 모든 아이가 화선지와 붓과 먹물과 가까워지기 시작했다. 그 익숙해짐이 정서적 안정에 도움을 주는 작업이라고 생각한다.

처음에는 결과보다 과정을 중시했지만 어느 정도 시간을 들였으니 아이들이 새로운 도전을 경험하게 하고 싶었다. 스스로의 실력을 평가받아 보고 싶은 것이 사람의 마음이기도 하다. 특히 초보자의 작품 활동에서는 객관적인 평가로 자신의 실력을 가늠해 볼 수 있기 때문이다.

창경궁의 명정전 뜰에서 휘호대회가 펼쳐졌다. 우리 아이들도 소풍 가는 기분으로 휘호대회에 나갔다. 손에는 묵직한 벼루와 먹(먹물), 붓, 화선지, 서진, 깔개를 챙겨 들고 먹을거리까지 꾸려서 대중교통을 이용하여 대회 장소까지 갔다. 학부모 중 시간이 있는 분은 함께하여 아이들의 안전을 보조해 주었다. 주체 측에서 제시한 서제와 정해진 화선지를 받아 각자 원하는 자리에서 정성 들여 써서 제출했다.

결과는 1~2명이 장려상 정도에 그쳤지만 이 과정을 거치며 서예가 어떤 것인지 조금은 알게 되었을 것이고, 훗날 소질과 취미가 있다고 생각되면 다시 취미 활동으로 붓을 찾을 것이라고 생각한다. 내가 묵향과 화선지의 신비스러운 매력을 향수처럼 느껴서 다시 시작했던 것처럼 말이다. 교육의 결과는 언제 어디서 어떤 모습으로 결실을 맺게 될지 모르기 때문에 먼 훗날까지를 염두에 두고 정성을 쏟아야 할 것이다. 곧은 선을 굼벵이처럼 그려 놓고도 성취감으로 생기발랄했던 서예반 아이들이 그립다. 그 순진무구하던 모습들이……

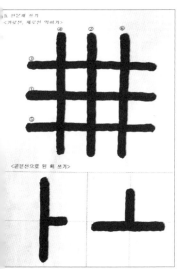

08.
스승의 날을 쟤키고 있는 악동들

아이들이 하교하는 모습을 유심히 살펴보면, 얌전히 걸어가는 아이들은 거의 없다. 남자아이들은 뛰거나 서로 밀치거나 어깨동무하고 신주머니를 돌리거나 여자아이들을 집적거리는 모습이다. 그 또래답다. 나는 교실에서 육교를 통과하여 사라질 때까지 그 모습을 쳐다보곤 했다. 어느 날 깜짝 놀랄 일을 발견했다. 앞서거니 뒤서거니 하면서 반 아이들이 모두 육교를 통과할 때쯤 그중 한 아이가 왼편 축대 아래 찻길로 뛰어내리는 것이 아닌가. 멀리서 볼 때는 위험천만해 보였다. 아찔한 순간을 목격하고 다음 날 혼내 주리라 마음먹었던 적이 있다.

남자아이들은 대체로 축구를 좋아한다. 공을 힘껏 차고 전속력으로 달리며 골문을 향해 가는, 상대를 제압하는 그 운동이 넘치는 에너지를 발산하기에 제격인 것 같기도 하다. 쉬는 시간 교실 밖으로 마구 내달리는 모습은 고삐 풀린 망아지를 방불케 한다. 이 아이들이 그랬다.

아이들은 스승의 날이면 자전거를 타고 우리 집까지 찾아왔다. 집으로 돌아가는 길이 걱정되는 아이들이었다. 집이 좀 먼 아이는 차로 데려다주기도 했다. 그랬던 아이들이 이제는 30살이 되었다. 나름대로 자신의 일들로 바쁠 텐데 스승의 날을 꼭 챙긴다. 나라에서는 스승의 날을 없앤다는데 말이다. 사실 특별히 아이들에게 잘해 준 것이 없어서 참 민망하다. 처음에는 만남을 사양하고 마음만 고맙게 받겠다고 했는데, 이제는 사제지간이 아니라 자식과 엄마 같은 사이가 되었다.

눈이 크고 체격도 좋은 재원이는 가끔 문자가 아니라 전화를 건다. 무슨 일이 있나 하고 받아 보면 특별한 일 없이 그저 안부를 물으며 찾아뵙지 못해 죄송하다고 말한다. 싱거운 녀석. 그러나 바쁜 직장 생활 속에 일부러 전화를 걸어 주니 고맙다.

명구는 모임에서 분위기를 띄우는 데 최강자다. 얼마나 재미있는지 텔레비전 코미디 프로그램을 보고도 잘 웃지 않는 내가 명구 말에는 웃음이 터진다. 농담이겠지만 자신의 결혼식에 주례를 서 달라고 한다. "명구야, 요즘에는 주례 없는 결혼이 유행인 거 모르니?"

몸이 가벼워 운동을 잘하고 말이 없던 제명규는 여자 친구를 데리고 왔다. 보기 좋다. 사랑을 느낄 나이에는 사랑도 해야 한다. 사랑을 못 해 보면 인생의 아름다운 절반을 모른다는 말이 있지 않나?

내가 담임이던 당시 아버지를 여읜 형근이는 그렇게도 까불더니 제일 어른스런 모습이다. 아마도 아버지가 안 계시다 보니 가장 역할을 하며 어머니와 가족을 챙기고 있어서 그런 것 같다. 기특하고 듬직하다.

효석이는 연락책이다. 때를 놓치지 않고 연락을 해서 만남을 주선한다. 효석이는 여자 친구 이야기를 털어놓기도 한다. 내가 조언은 못하지만 들어 줄 수는 있으니까 얼마든지 이야기하렴. 앞으로 서로 잘맞는 평생 배우자를 만나야지.

영균이는 초등학교 때부터 선생님 말을 잘 지키는 모범생이었다. 연구원답게 지금도 그런 모습이다. 부모님 걱정시키는 일은 한번도 하지 않았을 것 같다.

성훈이도 초등학교 때 꽤 말을 잘 들었다. 이제는 사회생활에 적응하여 뿌리를 잘 내리고 있는 듯하다. 사내 연애 중이라고 했는데 잘 진행되고 있는지 모르겠다. 대중가요 가사처럼 사랑 참 어렵고, 사랑은 아프다는 것을 체험하고 있지는 않을까?

2학년 때 가르쳤던 재홍이도 어떻게 알았는지 2016년도에는 함께했다. 부산에서 공부를 하고 있다가 모교로 교생 실습을 나왔다고 한다. 초등학교 2학년답지 않게 의젓하고 성실해서 참 많이 칭찬했었다. 사실 재홍이 소식은 내가 더 궁금해했다.

4학년이던 이 아이들이 지금 막 서른 고개를 넘었다. 그들이 건너온 세월의 강만큼 나도 시간의 흐름을 빠르게 느끼며 여기에 와 있다. 살아갈 날보다 살아온 날들이 훨씬 많은 나이가 되어 버렸다.

그런데 아직도 이 아이들이 나를 찾는 것을 보면 그들과의 사이에는 마르지 않는 사랑의 강물이 흐르고 있는 것 같다. 교직 생활 마지막 제자들이라서 그런지 그때보다 지금 더 애틋하고 사랑스럽게 느껴진다. 소주잔을 기울이는 성년이 되었지만 내 눈에는 아직도 사랑스런 악동들이다.

영균이의 고백을 들어 본다.

벌써 20여 년 전이네요. 1998년 3월, 아직은 겨울의 차가움이 남아 있
던 쌀쌀한 봄, 은정초등학교 3학년 1반 교실에서 선생님과 지금의 친
구들을 처음 만났었죠. 그 당시 주변 아파트 단지가 많지 않고 이미 자
리 잡고 있는 인근 초등학교가 두 곳이나 있어 개교한 지 3년밖에 되지
않은 우리 학교는 학년당 3개의 반으로만 운영되었어요. 그러다 보니
학년이 바뀔 때마다 겪는 어색함이나, 그 흔한 기 싸움 같은 건 거의
없었죠.

무슨 연유였는지는 모르지만, 1998년도에서 1999년도, 그러니까 3학
년에서 4학년 올라갈 때 담임 선생님까지 반 전체가 그대로 올라갔었
어요. 그때의 기쁜 감정을 저는 아직도 생생하게 기억해요. 어린 마음
에 친했던 친구들과 한 번 더 소풍도 공놀이도 같이 할 수 있었고, 무
엇보다도 선생님과 1년을 더 보낸다는 사실이 믿기지도 않았지만 그
저 좋았으니까요. 사실 2학년에서 3학년 올라왔을 때 선생님과 함께
올라온 제자들을 선생님께서 반겨 주시는 것을 보고 어찌나 질투가 나
던지, 지금 생각해 보면 참 어리고 순수했다는 느낌이 들어요.

제 기억 속 선생님은 늘 웃는 얼굴이셨어요. 항상 웃는 얼굴로 아이들
을 반겨 주시고 바른길로 인도해 주셨던 모습이요. 때로는 누구보다도
엄하게 지도해 주셨지만 그 또한 제자들이 잘 되길 바라는 마음이셨
을 것이라는 걸, 왜 그때는 못 느끼고 세월이 지나서야 알게 되는지 모

르겠어요. 그런 선생님은 제게 또 다른 어머니와 같은 존재였어요. 속된 말로 학교 다닐 맛이 났었죠. 매 학년 반장 혹은 부반장 자리를 꿰찼던(②) 저에게 선생님은 더 크고 가까운 존재로 다가왔었어요. 선생님 기억나시려나 모르겠네요. 반장과 부반장은 자습 시간에 선생님을 대신해서 교탁에 나가 떠드는 친구들 이름을 칠판에 적나라하게 적어 내려갔었어요. 바를 정(正)자로 횟수까지 세어 가면서 말이죠. 그런데 간혹 싸움 잘하는 친구가 떠들면 얼마나 눈치가 보였던지 몰라요. 적으면 당장이라도 달려와서 큰 주먹으로 한 방 먹일 것 같고, 안 적으려니 반 분위기가 엉망이 되고. 그때 선생님이 오시면 난 선생님의 믿음에 실망을 드리게 될 것 같았어요. 그래서 두려움과 책임감을 동시에 느낀 나머지, 엉엉 울면서 그 친구 이름을 적었어요. 물론 그 친구는 지우라며 주먹으로 책상을 내려치고 난리도 아니었죠. 지금 생각해 보면 마냥 귀엽지만, 그때는 너무 무서워서 선생님이 빨리 와 주기만을 기다렸었죠. 지금은 그 친구와 가끔씩 연락도 하며 잘 지내고 있어요. 참 신기하죠.

그러던 중, 1999년 여름 방학 전 즈음해서 선생님께서 퇴임을 하시게 되어 남은 2학기를 저희와 함께하실 수 없다는 소식을 들었죠. 정말 지금에서야 이렇게 표현하지만 하늘이 무너지는 기분을 느꼈던 것 같아요. 그렇게 선생님을 급작스럽게 떠나보내 드리게 되고, 새로운 선생님과 2학기를 맞이했지만 선생님의 빈자리는 여전히 느껴지기 마련이었죠. 물론 남은 2학기를 함께해 주신 그 선생님이 별로였다는 것은 아니지만, 뭐랄까, 1년 반이라는 시간을 함께해 왔던 선생님을 잊기에는 저를 비롯해서 친구들이 준비가 덜 되었던 것 같아요. 그래서인지 그 이후에도 선생님을 향한 그리움은 늘 가슴속 한편에 자리 잡고 있었어요.

그렇게 세월이 흐르고 흘러, 어느덧 20대 중반이 되었던 저에게 동창 효석이가 한 통의 연락을 주었어요. 바로, 스승의 날에 선생님과의 만남이 예정되어 있으니 시간되면 함께하자는 연락이었죠. 그 연락을 받았을 때의 감정은 마치 4학년 때 선생님과 그대로 한 반으로 올라가게 된 1999년도에 못지않은 기쁨을 느꼈어요. 한편으로는 그동안 먼저 연락드리고 찾아뵙지 못했던 것 같아 죄송스럽기도 했지만, 더 늦기 전에 이런 자리가 마련되어서 다행이면서도 좋았어요. 그 뒤로도 줄곧 저희는 마치 약속이라도 한 듯, 매년 스승의 날이 되면 선생님과의 만남을 고대하게 되었죠. 이 만남은 앞으로도 계속 유지되었으면 좋겠어요. 그 언젠가 소풍 가서 찍은 단체 사진처럼, 사진 속 친구들 모두와 함께 그때 그 자리에서 같은 표정으로 또 다른 추억 한 장을 남길 수 있는 그날이 오기를 바라면서 말이에요.

선생님, 매년 만나 뵐 때마다 드리는 말씀이지만, 진심으로 사랑하고 감사드립니다. 저희들이 건강하고 바르게 잘 성장할 수 있도록 많은 도움 주셔서, 잘 이끌어 주셔서요. 제가 언제 한 번 선생님께 이렇게 감사 메시지를 드린 적이 있죠.

'제 인생에 가장 값진 시간이 있다면, 선생님 곁에서 배우고 가르침 받

았던 때라고 생각합니다. 언제나 제자들에게 따뜻한 사랑 베풀어 주셔서 감사합니다.'

– '참 잘했어요' 받고 싶어 하는 제자 김영균 올림

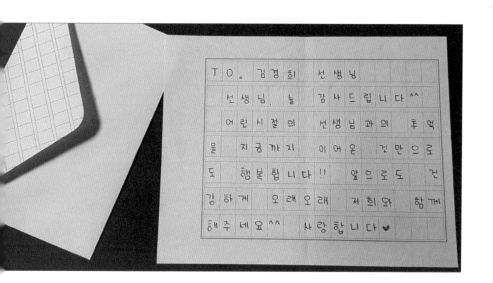

4부.

교사 반성문

이.
미안하고, 미안하고, 또 미안하다

　　가을 대운동회를 준비할 무렵이다. 점심시간이 끝나는 종이 울렸다. 시끄럽게 뛰어놀던 아이들이 썰물처럼 사라지자 운동장이 텅 비었다. 그런데 지윤이가 보이지 않아 조금 늦나 생각했는데, 반 아이들 말로는 다쳐서 그네 밑에서 울고 있다는 것이다. 허겁지겁 달려 나가니 아이는 신주머니를 손목에 낀 채 자신의 다친 무릎을 바라보며 울고 있었다. 신기하게 피는 흐르지 않았는데 무릎 한가운데를 날카로운 칼로 찢은 것처럼 허옇게 뼈 같은 것이 드러났다. 정신이 없었다. 일단 아이를 조심스럽게 둘러업고 다친 다리가 흔들리지 않도록 조심하며 양호실로 뛰어갔다. 평소에는 좁기만 하던 운동장이 그때는 어찌나 넓든지 양호실까지 너무 멀게 느껴졌다. 양호 선생님도 놀라서 어쩔 줄 몰라 했다. 남자 선생님들의 도움을 받아 다리를 펴서 부목을 대고 고정하여 붕대를 감았다. 그때는 자가용을 지닌 교사가 없어서 교내에 차가 없었다. 택시를 불러도 빨리 오지 않아서 문방구에 물건을 싣고 온 차를 얻어 타고 병원으로 갔다. 아직 보호자는 도착하지 않은 상태라서 내가 보호자 역할을 해야 했다.

무릎 아래에 양동이 같은 것을 받쳐 놓고 벌어진 부위에 소독약을 물 붓듯이 부어 가며 씻어 내렸다. 정육점의 고기를 다루듯 하는 의사 선생님의 행동이 참 무심해 보였다. 아이의 비명 소리를 차마 들을 수 없었다. 봉합 수술이 시작되었을 때 의사 선생님은 나에게 다리를 움직이지 못하도록 발목 부분을 꽉 잡으라고 했다. 안쪽을 먼저 꿰매고 다시 겉에서 꿰매는 끔찍한 과정을 보지 않을 수 없었다. 내 살이 이리저리 찔리고 있는 것 같았다. '그래, 아프지? 조금만 더 참자. 내가 해 줄 수 있는 것이 없구나.' 나는 아무 말도 못한 채 마음속으로 같이 울었다.

어머니가 놀라서 달려왔다. 상황을 설명해 드리고 나는 다시 학교로 왔다. 그사이 동학년 선생님이 내 반 아이들을 정리해서 하교시켜 주었다. 어떻게 그네를 타면 그렇게 심하게 다칠 수 있을까? 잘 이해되지 않았다. 맥이 탁 풀렸다. 나는 정신을 차리고 그네 밑으로 가 보았다. 그네 줄은 이미 손에 닿지 않도록 걷어 올려서 가로대에 걸쳐져 있었다. 그네 바로 아래를 살펴보니 흙이 쓸리고 씻겨 나간 자리에 뭔가 뽑힌 흔적 같은 것이 보였다.

지윤이는 평소에 까불거나 나대지 않는 아이였다. 아이들 말로는 그날 둘씩 쌍그네를 탔다고 했다. 무게 때문에 그네는 아래로 더 늘어졌을 것이다. 중심이 잘 잡히지 않아 균형을 잃으며 무릎이 땅에 닿게 되었을까? 이런저런 생각으로 머리가 복잡했다. 아마도 뭔가 뽑힌 흔적이 있는 것으로 보아 그네 줄 바로 밑에 예리한 돌부리 같은 것이 박혀 있지 않았나 싶다. 짐작으로는 사고 소식을 접하고 관리자 중 누군가가 현장에 와서 문제의 실마리가 될 만한 것들을 제거한 것 같다. 안전 관리 소홀의 문제가 발생할까 봐 흔적을 없앤 것일까? 그 생각을 하자 공범자가 된 것처럼 가슴이 두근거렸다.

아이는 목발을 짚고 등교했다. 운동회 연습으로 학년이 돌아가며 운동장을 쓰기 때문에 운동장은 매 시간마다 확성기 소리로 시끌시끌했다. 운동회 연습에도 동참하지 못하고 교실을 지키는 아이를 볼 때 참 미안했다. 다친 아이에게는 단체 경기도 개인 달리기도 경쾌한 음악에 맞춘 포크 댄스의 기회도 다 사라졌다. 대신할 기쁨을 주지 못해서 정말 미안했다. 그 괴로움을 끝까지 함께하지도 못했다. 어른들이 사전에 안전에 철저히 대비했다면 그런 사고를 당하지 않았을 텐데. "지윤아, 어른들이 부주의해서 정말 미안하다."

끊임없이 어른들의 불찰로 영유아 사고가 일어난다. 올해는 장마가 짧게 끝나고 더위가 빨리 왔다. 날마다 기록적인 폭염이 이어지고 있는 가운데 어린이집 통학 차량에 남겨진 채 7시간이나 방치되어 4살 아이가 생명을 잃었다는 끔찍한 뉴스가 방송되었다. 어린이집에서 놀이도 하고 친구들과 어울리며 간식도 먹고 있었어야 할 그 시간에 어린 생명이 죽음과 사투를 벌이다 끝내 다른 세상으로 가 버렸다. 아마도 "살려 쥐요! 나 좀 살려 쥐요!" 이런 비명으로 유언을 남기지 않았을까? 어른들이 저지른 되돌릴 수 없는 실수가 너무도 크다. 그날 차에 태웠던 어린이집 교사와 운전기사가 구속되었다는 뉴스를 보았다. 그러나 아이는 이미 없는데……

사건이 터지면 언론 매체부터 그 소식을 접한 모든 사람이 흥분한다. 그리고 시간이 지나면 서서히 머릿속에서 사안의 중대함에 대한 인식이 희미해져 간다. 어린이가 차량에 갇히는 사고를 방지하기 위한 갖가지 방법이 논의되고 있는 가운데 어린이 수송 차량에 동작 감지기 장착을 의무화하자는 이야기가 나왔다. 아무쪼록 그런 사고가 더 이상 발생되는 일이 없어야 할 텐데. 법률이나 어떤 제도에 앞서 인간에 대한 세심한 관심과 배려가 우선해야 한다는 생각이 든다.

지윤이가 다치던 그 당시 60명이나 되는 아이와 하루를 안전하게 생활하고 귀가시킨다는 것은 기적이었다. 잠시라도 긴장의 끈을 놓을 수가 없다. 어떤 일이 벌어질지 모르는 폭탄 같은 아이들, 이성적인 판단력도 없고 그야말로 천방지축, 체육 시간이 되어 운동장에서 수업한다고 하면 교실에서부터 고삐 풀린 망아지처럼 달려 나간다. 달려가다가 어딘가에 부딪칠 것만 같은 브레이크 없는 아이들, 그런 순간은 어떤 명령으로도 뻗치는 기세를 제어할 수가 없다. 하루를 안전하게 보낸다는 것은 기적과 같은 일이라는 것을 절감했던 적이 있다.

1999년 명예퇴직 신청을 하고 나서 그랬다. 징계 교사에게는 명예퇴직 기회가 바로 주어지지 않는다는 이야기를 들었기 때문에 매일매일 조심스러웠다. 실제로 교실 안에서 그것도 수업 시간 중에 앞뒤로 앉은 아이들 사이에서 뾰족한 연필심으로 눈이 찔린 사고가 일어난 적이 있다. 실수든 장난이든 담임 선생님이 있는 가운데 벌어진 사고이기 때문에 문제가 복잡했다. 실명 위기까지 거론되며 가해자와 피해자 부모 사이에서, 또 학교와 학부모 사이에서 문제가 간단히 해결되지 않았다. 해결이 늦어지면서 그 선생님은 명예퇴직을 신청하고도 바로 퇴직하지 못했다.

명예퇴직 신청을 한 6개월 동안 이런 사건들이 남의 일처럼 느껴지지 않아서 살얼음 위를 걷는 듯한 기분으로 아이들의 일거수일투족을 시야에서 놓치지 않으려고 신경을 썼다. 퇴직하는 날까지 참 길게 느껴지는 하루하루였다. 무사히 퇴직을 맞으면서 나름대로 생각했다. '퇴직 앞에 붙은 '명예'라는 말은 괜한 것이 아니었구나.'

교사가 아이들을 잘 이끌어 가기 위해서는 제도나 규범에 의한 의무감에 앞서 아이들 각자를 부모된 심정으로 바라보는 것이 최선이라고 생각한다. 초월적인 사랑과 관심이 습관처럼 배어난다면 이보다 더 좋을 수는 없을 것이다.

찰스 칼렙 콜튼은 "돌아보면 인생을 제대로 살았다고 생각되는 순간은 사랑하는 마음으로 살았던 시간뿐이다."라고 말했다. 어쨌든 무한한 사랑과 관심을 베풀 때 내가 더 행복해지는 것은 확실하다. 내가 보여 준 관심으로 아이가 환하게 웃으며 행복해하는 얼굴을 대하게 된다면 그 어떤 꽃을 보는 것보다 행복한 일이니까.

39년 전의 아픈 기억이 아직도 미안한 마음으로 자리 잡고 있다. 관리자에게만 미룰 것이 아니라 아이들의 주변을 살피는 세심한 관심과 사랑이 있어야 했다.

아이에게 신경 쓰지 못한 교사

    현직에 있을 때 반 아이들을 대상으로 1년에 두 차례 사회성 측정 검사를 했다. 방법은 간단하다. 생일에 초대하고 싶은 친구 5명씩 선택하고 또 짝이 되는 것이 싫은 친구가 있다면 쓰도록 해서 학급 내에 집단이 어떻게 형성되고 있는지 소시오그램(sociogram)을 그려 보는 것이다. 그 결과는 아주 흥미롭다. 몇 개의 소그룹이 형성되어 그 집단이 서로 연결되기도 하고, 각 집단이 떨어져 독립적으로 존재하기도 한다. 고립된 아이 없이 모든 집단이 다 연결되어 있으면 학급 운영이 수월하다. 각 집단이 완전히 분리되어 있고, 강한 리더십을 지닌 아이 2~3명으로 집중되어 있는 경우도 있다. 다수의 선택을 받은 아이가 어떤 성향이냐에 따라서 학급 분위기에도 영향을 미친다. 학급의 결집력을 돕기도 하고 따돌림 당하는 아이가 생기는 불행한 일이 일어나기도 한다.

사전에 고립아(孤立兒)와 강한 리더십의 아이를 파악하여 관심을 기울이는 것이 나름대로의 학급 운영 방침이었다. 또 모든 면에서 민주적인 학급 운영을 하려고 애썼다.

학교생활에서 짝은 아주 중요하다. 그래서 자리 배정에 민감하다. 키 순서로 앞에서부터 지그재그로 앉는 것이 보통이지만 다양한 방법을 적용하기도 한다. 내가 초등학교 시절에는 수, 우, 미, 양, 가 분단으로 앉았던 적이 있는데, 지금 생각해 보면 성적순으로 줄 세우는 최악의 방식이다. 처음에 나도 멋모르고 그것을 따라 한 적이 있었는데, 성적 향상을 위한 동기 부여라고는 하지만 하위 분단에 앉게 되는 아이 마음은 전혀 헤아리지 않은 성적 지상주의의 아주 졸속한 처사였다.

서울 양명초등학교에서 6학년을 가르칠 때 일이다. 늘 신경을 써서 다양한 방법으로 자리 배정을 해도 이러쿵저러쿵 말이 많다. 학부모는 어떻게 해서든 자기 자녀가 앞자리에 앉기를 원한다. 시력이 나쁘다는 둥 키가 작아서 뒤에 앉으면 칠판이 안 보인다는 둥 암암리에 이기적인 생각만 가지고 학급 운영에 관여하려고 한다. 그러나 아이들은 그런 것과는 상관없이 앉고 싶은 아이와 짝이 되기를 원한다. 어느 날 제안을 했다. 1시간을 줄 테니 학급 회의를 거쳐서 자리 배정 문제를 스스로 해결해 보라고 말이다. 대단한 묘안이라도 낼 듯이 환영하며 좋아들 했다. 이때는 모든 아이가 수업 시간보다 더 활발하게 참여한다. 혹시 남자, 여자 따로 앉기를 원했던 것인가 생각하며 아무런 참견도 하지 않고 묵묵히 지켜보기만 했다. 드디어 결론이 내려졌다. 그런데 놀라웠다. 대놓고 자신이 좋아하는 이성의 짝을 찾아가는 방식이다. 남학생이나 여학생 어느 한쪽이 키 순서로 자리를 정해 앉아 있으면 대기하고 있던 한쪽이 원하는 짝을 찾아가는 것이다. 아이들이 이것을 원했구나. 웃음이 나왔다. 저희들이 정한 것이니까 즉시 실행하는데 이의가 없었다. 남자 반장과 여자 반장이 나와서 가위바위보로 어느 쪽이 먼저 자리에 앉아서 기다릴지를 정했다.

먼저 남학생들이 키 순서로 자리에 앉았다. 그동안 여학생들은 각자의 소지품을 챙겨서 앞으로 나가 대기했다. 남학생 자리가 다 정해져서 이제는 여학생들이 옆자리로 갈 차례가 되었다. 저희들이 정해 놓고도 처음에는 좀 쑥스러운지 쭈뼛거리며 선뜻 행동하지 못하고 있었다. 아무래도 좋아하는 이성 친구를 대놓고 드러내는 모양새이다 보니 그랬나 보다. 시간이 지체되어 얼른 자리로 갈 것을 종용했더니 누군가 용감하게 먼저 짝을 찾아가기 시작했다. 아마 앉아서 기다리는 남학생들도 내심 설레었을 것이다. 누가 내 짝이 될 것인가 하고 말이다. 원하는 짝을 빼앗길세라 순식간에 빠르게 움직이기 시작하더니 진풍경이 벌어졌다. 자리까지 가는 동안 원하는 짝을 놓칠까 봐 책상 위로 스케치북을 획 던져서 자리를 점유하는 모습까지 연출했다. 웃음 많은 나는 위엄을 지키느라 꾹 참으며 상황을 지켜보았다. 마지막에는 갈 곳이 탐탁지 않은지 망설이는 아이 몇 명이 남았다. 나름 최선의 선택을 하고 모두 자리에 앉았다. 조금 어수선했지만 자리가 다 정돈되었을 때 "이제 자리에 대한 불만이 없지요?" 하고 물어보았다. 그러나 스스로 결정한 것임에도 흡족해하는 아이, 덤덤한 아이, 쑥스러워하는 아이 등 반응이 다양했다. 자신들이 다수결로 정한 일이지만 어떻게 많은 인원이 다 만족할 수 있겠는가. 그러면서 집단생활에 대한 적응과 양보에 대한 학습이 이루어진다고 생각한다. 어쨌든 약간 상기되어 교실 분위기도 달라지고 지켜보는 나도 참 흥미로웠다. 누가 누구를 좋아하고 호감을 갖고 있는지 앉아 있는 자리만 보고도 파악할 수 있으니 생활 지도에 충분한 자료가 되었다.

그런데 문제가 생겼다. 남학생 수가 한 명 많아서 누군가 한 명은 여학생 짝을 못 만나고 혼자 앉게 된다. 우선 한 달만 그렇게 앉고 다음 달에는 남학생이 찾아가는 거니까 상관없으리라 생각했는데, 짝 없이 혼자 앉았던 박성우는 그다음 달에도 역시 혼자 앉았다. 이유는 찾아간 여학생에게 배척을 받아 앉으려던 자리에 못 앉고 맨 뒷자리에 다시 앉게 되었다는 것이다. 물론 반에서 키가 제일 커서 뒤에 앉는 것에는 별 문제가 없지만 배척을 받을 때 기분은 얼마나 참담했을까? 예상하지 못한 상황이었다. 또 다른 누군가도 내가 보지 못하는 사이에 배척을 받고 제2, 제3의 자리로 옮겨 갔을지도 모른다. 이런 과정이 성격에 따라서는 상처로 남은 아이도 있을 테고 단순한 해프닝 정도로 받아들이는 아이도 있겠지. 세심한 관심으로 살펴보아야 할 지점이었다.

소위 선택을 많이 받은 아이는 인기를 체감하여 교만해지고, 배척을 받은 아이는 스스로 열등감에 빠지는 부정적 측면이 있을 수 있다. 반대로 인기가 집중된 아이는 자존감이 높아져 생활에 활력이 붙고, 배척을 받은 아이는 스스로를 돌아보면서 친구 관계를 다시 생각해 보았을지도 모른다. 이 방법도 역시 장단점은 있었다.

연륜이 쌓일수록 인간관계의 중요성을 깊이 깨닫는다. 삶의 질을 가늠하는 중요한 요소로 작용하기 때문이다. 가정, 학교, 사회라는 집단의 한 구성원으로 좋은 관계를 유지하면서 살아가기 위해서는 어렸을 때부터 어떻게 말하고 행동하고 남을 배려하며 인정해야 하는지 터득해야 한다. '사회성이 좋다.' 또는 '적응력이 떨어진다.' 이런 행동 평가를 겁 없이 해 왔다.

퇴직 후 청소년 미술 심리 치료, 노인 상담학 등을 배우면서 현장에 있을 때 아이들을 이해할 수 있도록 더 많이 공부하지 못한 것을 반성했다. 세심한 배려와 관심을 동원한다면 배척받는 아이의 상처도 만져 줄 수 있었을 텐데. 정서적 요인이 관계에서 성공하느냐 실패하느냐, 행복한 삶을 사느냐 불행한 삶을 사느냐를 결정짓는 가장 중요한 요소라고 『회복탄력성』의 저자 최성애 박사는 강조한다. 한마디로 삶에서 EQ가 중요하고 관계가 얼마나 중요한지 설명하는 것이다.

지금도 큰 키에 뿔테 안경을 쓰고 멀뚱멀뚱한 표정의 박성우가 "혼자 앉는 것이 오히려 편해요."라고 말하던 선한 모습이 생각난다. 전혀 악의 없어 보이는데 왜 다른 아이들에게 배척을 받았는지 사례 연구를 했어야 한다.

지금이라면 따뜻한 말 한마디 더 건네어 아이들의 시선을 박성우에게 집중시킬 수 있었을 텐데 하는 아쉬움이 남는다.

03.

교사도 교육 환경이다

대학교를 졸업하고 처음 부임한 학교에는 나 하고 이름이 같은 초
등학교 후배의 부친이 근무하고 계셨다. 나를 딸처럼 생각해서인지 농
담도 하시고 업무에 대해서도 노골적으로 말씀해 주셨다. 1972년 당시
사회 초년병이었던 내게는 가정 방문이란 것 자체가 어색했는데, 아동
상담이 아닌 유신 헌법을 얼마나 찬성하고 있는지 가가호호 방문해서
○, △, ×로 분류한 숫자를 상부에 보고하도록 했다. △, ×는 재차 방
문해서 ○가 되도록 하라는 지시까지 받았다. 나는 너무 한심한 생각이
들어 그 선생님께는 겁도 없이 마구 불평을 해댔다. 이때마다 "김 선
생, 제 털 뽑아 제 구멍에 심으려고 하지 마. 그렇게 융통성이 없으면 사
회생활하기 어려워. 요령껏 해."라고 말씀하셨다. 학교생활이 익숙해
질 무렵에는 한참 바라보시더니 "김 선생 얼굴은 60점, 종합 평가로는

98점이야." 이런 황당한 말씀까지 하셨다. 종합 점수를 높이기 위해 얼굴 점수를 깎아내렸는지 아니면 사람은 얼굴로 평가하는 것이 아님을 강조하신 것인지. 어쨌든 외모에 민감한 나이에 그 말씀은 아무리 부연 설명을 해도 칭찬일 수는 없었다. 그때부터 나는 겨우 60점짜리 얼굴, 내 스스로 '양가 집 규수(5단계 평가에서 양이나 가로 채워진 성적을 받으면 그렇게 표현하기도 했음)'로 꼬리표를 달 수밖에 없었다.

새 학년이 시작되면 교실 주인도 바뀌고 학년도 바뀌게 되어 연중 행사로 환경 심사를 한다. 그 시절에는 교장 선생님과 교감 선생님, 몇몇 부장 선생님이 각 교실을 돌아 심사를 해서 등수를 발표했다. 그래서 교사들은 3월이면 여러 가지로 더 바쁘다.

심사 당일을 대비해서 털고 닦고 오리고 붙이고 아이들과 함께 협동 작품을 만드느라 수선을 떤다. 한 교장 선생님은 이때마다 "교실 환경뿐 아니라 교사 자체도 교육 환경입니다."라고 강조하셨다. 물론 그 말은 교사의 외모뿐 아니라 말씨, 행동, 표정, 인격, 옷차림 등이 아이 교육에 많은 영향을 미친다는 의미일 것이다. 교실만 잘 꾸밀 것이 아니라 교사 자신도 잘 다듬고 가꾸라는 말이다. 이때 왜 나는 '양가 집 규수' 꼬리표가 생각났을까? 1년 내내 나를 쳐다보며 수업을 받는 아이들에게 나는 어떤 교육 환경인가 반문해 보았다.

어느 날 일기장을 검사하다 충격적인 내용을 접했다. 박윤주는 아버지가 군 장성쯤 되었던 것으로 기억한다. 다른 아이들에 비해 비교적 가정 환경도 유복했다. 공부도 잘했고 성격도 활발했으며 모든 면에서 자신감이 넘치는 아이였다. 자신의 생각도 과감하게 주장하는 진취적인 아이였다. 일기장에 내 옷차림을 언급했다. "우리 선생님은 옷이 없나 왜 매일 같은 스웨터만 입으실까?" 같은 옷만 입는 것은 아이들이 보기에 지루하다는 내용이다. 6학년이면 충분히 그렇게 생각할 수도 있다. 그런데 막상 내가 그런 비판을 받으니까 당황스러웠다. 전 학교에서 어느 학부형이 손뜨개로 직접 짠 청록색 스웨터를 선물로 가져오셨다. 거절하지 못했다. 아니 그 정성에 감동하며 기다렸다는 듯이 받았다. 따뜻해서 실내에서 겉옷으로 입기에는 안성맞춤이었다. 지금 같으면 김영란법에 걸리려나? 겨울철에는 외투를 벗어 놓고 활동하기 편한 그 스웨터를 입고 생활했다. 겨울 동안 지속되니 아이들 눈에는 지루했던 모양이다. 변화를 주어야 했던 것이다. 편리성만 생각하고 미적 감각이 예민한 아이들의 감성을 무시한 처사였다.

이 이야기를 같은 학년 선생님들이 모인 자리에서 했더니 또 다른 사례들도 말씀하셨다. 머리를 짧게 자르고 간 날 "선생님은 귀가 보이는 짧은 머리에 귀걸이도 안 하셨다."라든가 "시어머님 상을 치르고 나오시면서 입술을 빨갛게 칠하셨다." 등 다양했다. 아이들의 눈은 참 예리하다. 어쩌면 모든 아이가 은연중에 그렇게 생각은 했지만 표현을 하지 않은 것일 수도 있다. 이 사례들은 교사의 차림새가 아이들 정서에도 많은 영향을 미친다는 확실한 증거가 된다.

개성이 개인의 능력이 되기도 하는 이 시대를 살아가는 교사들은 외모에도 신경을 써야 할 것 같다. 양가 집 규수의 꼬리표를 떼기 위해서 성형 미인을 추구하는 것까지는 아니더라도 개성 있으면서 단정하고, 시대에 뒤처지지 않는 좋은 교육 환경으로 작용하기 위해서 고민해야 한다.

교육부에서 발행하는 『행복한 교육』에서 "교사의 개성 발랄 옷차림, 어떻게 생각하세요?"라는 주제로 현장 의견을 취재한 기사를 보았다. "캐주얼한 청바지나 톡톡 튀는 화장 등 개성 만점 옷차림이 교사 품위를 저해한다는 측면도 있지만, 아이들과 어우러지는 소통 채널이 된다고 이야기합니다. 여러분은 어떻게 생각하시나요?"라고 질문을 던졌더니, 다양한 의견을 보였다. 관리자나 나이가 많은 학부형 입장에서는 대체로 보수적 경향을 보였으나, 나이가 적은 교사나 학생 등 젊은 층에서는 역시 개성, 소통, 창의성, 자유로움을 강조한다.

  □ 초등학교는 '개성'보다 '모범'이 더 중요

  □ 어떤 옷차림이든 내면이 더 중요

  □ 옷차림은 학생에 대한 존중의 표현

  □ 수업을 방해하지 않는 선에서 허용

  □ 중·고교 선생님은 격식 갖춘 차림으로

  □ 아이들과 소통할 수 있다면 청바지도 좋아

  □ 옷차림에서 창의적 생각 유도하도록

  □ 선생님도 자유로운 복장이 좋아(학생 답변)

  □ 체험 학습을 할 때는 캐주얼로

□ 눈높이를 맞추는 시간으로 활용

다양한 의견이다. 이것을 읽다 보면 자연스럽게 기준을 세울 수 있을 듯하다. 너무 유행에 앞서가지 않으면서 고리타분한 차림에서 벗어나면 좋겠다는 쉽지 않은 과제다. 또 "교실 환경뿐 아니라 교사 자체도 교육 환경입니다."라며 아이들에게 비쳐질 인품까지도 다듬어 가라고 강조하신 교장 선생님 말씀도 새겨들어야 한다. 잘못하면 품위를 상실한 추한 모습이 아이들 머릿속에 영원히 각인되어 있을 수도 있으니까 말이다. 그대로 찍힌 모습을 은연중 자신도 모르는 사이에 따라 하고 있을지도 모르는 일이다.

윤주의 지적 이후 교실에서 유니폼처럼 입었던 스웨터는 아쉬운 마음으로 작별했고, 체육 시간에 입었던 트레이닝복을 편하다고 다른 수업 시간까지 입고 있는 일도 삼갔다. 교단에 서 있는 나와 나를 향해 있는 아이들의 모습, 그 풍경을 제3자가 되어 한 번씩 점검해 보게 되었다. 과연 나는 얼마나 좋은 교육 환경이었나 반문하며 말이다.

아이들은 엄한 감독자다. 하하하.

04.
교사에게는 두고두고 마음에 걸리는 아이가 있다

흔히 사람과 사람 사이의 관계가 원만할 때 '코드가 잘 맞는다', '궁합이 잘 맞는다'는 식으로 표현한다. 그런 것처럼 교사와 학생 간에도 잘 맞는 아이가 있고 그렇지 않은 아이가 있는 것 같다. 물론 조건 없이 사랑하고 인정해 주고 바로잡아 주어야 하지만 그것이 잘 안 되는 경우도 분명히 있다. 전 학년 담임 선생님에게 모범생으로 칭찬받던 아이가 내 눈에는 그렇게 보이지 않는다든지, 반대로 문제아 취급받던 아이가 내 눈에는 굉장히 창의적이고 특별한 아이로 보이기도 하니까 말이다.

1988년도 6학년 담임 때 일이다. 이름은 정확히 기억나지 않지만 외아들이었고 남자 반장이었다. 외모도 준수했다. 어느 날 꾸중할 일이 생겨서 바로잡아 주려고 훈계를 했는데 그날 일기에 '당장 전학하고 싶다.'라고 쓴 것이다. 그것을 보는 순간 내가 어른이고 선생이라는 생각보다 감정이 앞섰다. 잘 다독이면서 그렇게 화난 이유가 뭔지 그 마음을 읽고 공감해 주어야 했다. 그런데 내가 아이를 화나게 한 대상이다 보니 그러지 못했다. 지금이라면 청소년 상담에 필요한 '감정 코칭' 이론을 조금은 배웠으니 가능했을 텐데 말이다.

나는 그 일기 끝에 그때는 그것이 최선이라고 생각하며 장황하게 썼다. "그런 일로 전학을 한다면 앞으로 수없이 전학을 다녀야 할 것이다. 새 학교에 가서도 또 그런 일이 일어나지 말라는 법은 없다. 학급의 반장 정도라면 자신이 뭘 잘못했는지 생각해 볼 줄도 알아야 한다. 전학하고 싶으면 해도 좋다." 미성숙한 아이와 어른이 감정싸움한 모양새였다. 까마귀 날자 배 떨어지는 꼴이 되었는지 얼마 후에 어머니가 전학을 하게 되었다며 찾아오셨다. 황당했다. 정말 그 일 때문에 전학을 한다는 것인가. 어머니는 평온했고 그런 감정은 전혀 읽히지 않았다. 그렇지만 자격지심이 들어서 자초지종을 이야기하며 그런 이유 때문이라면 내 불찰이라고 말씀드렸다. 어머니와 아들 사이에 어떻게 대화가 오갔는지는 모르겠는데 그것과는 아무 상관없이 이루어진 일이라고 누차 말씀하셨다. 자신이 일을 하게 되어 이모가 사는 집 옆으로 이사를 가면 조금이라도 아이에게 의지가 될까 해서 그렇게 결정했단다. 혹시 내가 잘못해서 화가 난 것이라면 풀라고 했지만, 전혀 그렇지 않다고 가정 문제라 말씀하셔서 더 이상 어쩔 수가 없었다. 결국은 얼마 후에 그 아이는 전학했다.

교직에 있는 동안 실수한 것이 한두 가지가 아니겠지만 이 일은 두고두고 마음에 걸린다. 실제로 이사 갈 일이 생겨서 전학을 했다 하더라도 내가 한 처사는 교사로서 합당하지 못한 것이었기 때문이다. 되돌릴 수 없는 과오를 저지르고 만 것이다. 한 번 저지른 실수를 이미 떠나간 제자들에게서 되찾아 올 수도 없고 회복할 기회가 주어지지 않기 때문에 좋은 선생으로 남는 것은 정말 어려운 일이다. 자칫 저지를 수 있는 위험성이 항상 곁에 대기하고 있는 직업이다.

지금이라도 만날 수 있다면 그때의 과오를 사과하고 싶은 심정이다. 나 자신과 화해는 끝났다 해도 상대와 화해는 이룰 수 없으니 현직에 있을 때 이런 일이 생기지 않게 했어야 한다. "해지기 전에 화해하라."는 성경 구절(에베소서 4:26)도 있는데 이미 해는 오래전에 져 버렸다. 좀 더 세심한 배려와 눈높이를 맞춘 사랑이 있었다면 이렇게 후회하는 일은 없었을 텐데 말이다.

05.
교사의 열정과 일방통행식 교육

과거에 사군자를 포함한 한문 서예를 한 적이 있었다. 서예 전시회에 가면 글씨 자체가 주는 아름다움은 눈으로 보지만 문장이 담고 있는 내용을 이해하지 못해 답답한 적이 많았다. 내가 써 놓은 문장조차 무슨 뜻인지 확실히 모르고 쓸 때도 있었다. 글씨 모양만 반복 연습해서 작품을 만드는 것은 서예를 하는 사람으로서 자존심 상하는 일이라고 생각되었다. 그래서 개인적으로 『사서삼경』과 『고문진보』를 배우러 다닌 적도 있었다. 그러나 그것은 하루아침에 될 일도 아니고 수년에 걸쳐 노력해야 하는 일이었다. 그러던 중에 결혼을 하면서 모든 것을 멈추고 말았다. 아이를 기르며 직장 생활을 하는 분주함 속에 묻혀 있다가 때때로 하얀 화선지에 스미는 먹물의 신비한 매력이 잠자고 있는 내 욕구를 건드렸다. 농담 변화에 따라 화선지에 퍼져 가는 그 은은

함을 경험한 사람은 그 자체가 예술임을 잘 알 것이다. 특히 한국화 풍경에서는 농담에 따라 원근을 표현하고, 정물에서는 낡은 것과 새 것의 질감도 나타낸다. 옛날 선비들은 먹을 만들 때 사향(麝香)을 넣어 머리를 맑게 하는 효과를 얻는 고급 먹을 썼다는데, 그것까지는 아니지만 코끝을 스치는 묵향의 향수는 잠자던 나를 깨우기에 충분했다.

그래서 다시 시작했다. 그때는 한글 서예를 시도했다. 초등학교 교과서에 서예의 기초로 시작해서 약간의 한글쓰기가 나오기 때문에 현장에서 활용하기 위함이었다. 방과 후 틈을 내서 노천명 시인의 〈이름 없는 여인 되어〉를 썼다. 옆 반 주임 선생님께서 보시고 혼자 연습하고 있는 모습이 안타까웠던지 국전 초대작가를 잘 아신다며 그 밑에서 배울 수 있도록 연결해 주겠노라 하셨다. 일단 습작한 것을 보여 드리고 제자로 삼을지 알아보아야 한다며 습작한 것을 가져가셨다.

감히 생각도 못했는데 배움의 길이 열렸다. 하늘은 스스로 돕는 자를 돕는 모양이다. 처음에는 어쭙잖은 작품 할 생각 말고 묵묵히 10년만 써 보아야지 했다. 초보 시절에는 자신의 실력도 모르고 마음만 앞서서 졸작을 내는 경우가 있기 때문이다. 그런데 채 3년이 되지 않았을 때 선생님께서 대한민국서예대전에 출품해 보자고 하셨다. 목표를 가지고 연습하면 더 집중할 수 있어 실력이 더 빨리 향상된다고 말이다. 그래서 말씀하신 대로 서제를 고르고 열심히 연습했다. 한글궁서체의 바이블이라고 일컫는 작자 미상의 고전 소설 『옥원듕회연』의 일부분을 임서해서 출품했다. 다행스럽게도 출품한 것이 입선되었다. 1992년

6월, 연초록으로 물든 우면산을 바라보며 같은 학년 선생님들에게 축하를 받고 예술의전당 전시장을 둘러보는 즐거움을 누릴 수 있었다. 그것을 계기로 내가 배운 것을 아이들에게도 전해 주기로 마음먹었다.

그 당시 아침 자습 시간에는 학교에서 권장하여 일률적으로 어린이 신문을 보게 했다. 신문에 수록된 '하루 한 자씩' 익히는 한자를 공책에 오려 붙이고 반복해서 쓰도록 하는 것이 보통이었다. 그러나 나는 용기를 냈다. 아침 자습 시간을 활용해서 한글 서예를 지도해 보기로 말이다. 사실 다인수 학급에서 관리하기도 어려운 먹물과 벼루, 붓 등을 매일 아침 사용한다는 것은 무모한 짓이다. 먹물 묻힌 붓을 한 번 허공에 휘두르면 금세 교실, 화장실, 세면장은 아수라장이 되고 만다. 그러나 구더기 무서워서 장 못 담그랴. 그럼에도 조심스럽게 시도했다.

서예 용구를 준비시키고 책상 위는 담요나 부직포를 깔도록 했다. 처음에는 필력을 기르기 위해 곧은 선, 곡선, 꺾은선 긋기를 시작해서 판본체 글씨쓰기를 했다. 같은 음식이라도 맛있게 먹는 아이, 투정부리는 아이가 있듯이 이 시간도 그랬던 것 같다. 금세 재미를 붙이고 즐겁게 하는 아이가 있는가 하면 바로 싫증내는 아이도 있게 마련이다. 그것을 지속적으로 한 결과 눈에 띄게 잘 쓰는 아이들이 보였다. 물론 억지로 한 아이들에게는 고역이었을 것이다. 서예가 괴로운 아이들에게는 그 시간을 다르게 활용하도록 했다면 더 좋았을 텐데 다인수 학급이다 보니 적성에 따라 다르게 하는 일은 용이하지 않았다. 지금도 그런 대회가 있는지 모르겠으나 그 당시에는 서울시 교육청에서 주관하는 서예대회가 있어서 아이들을 연습시켜 데리고 나가기도 했다.

1인 1역으로 우유팩을 정리하던 아이가 있었다. 현지와 민영이는 단짝 친구이면서 그 역할을 한결같이 잘 해냈다. 매일 아이들이 먹은 우유팩을 깨끗이 씻어 창가에 펼쳐 말리는 작업이다. 방과 후 우유팩 정리가 끝나면 붓글씨 쓰기를 더 보충하고 집에 돌아가기도 했다. 소질뿐 아니라 꾸준히 노력하는 모습이 대견하여 서울시 교육청에서 주관하는 서예대회에 나가 보는 것이 어떨지 권했더니 열심히 준비하고 대회에 출전하여 우수상을 받았다. 겨우 아침 자습 시간 몇 분을 할애한 것이 계기가 되어 짧은 기간에 상을 받는 수준까지 이르렀으니 내 딴에는 보람을 느꼈다. 서예 지도 교사에게 주는 상까지 받았는데 아마 격려 차원이었을 것이다.

그러나 좋은 기억만 남아 있는 것은 아니다. 서예 지도를 하면서 잘해 보려는 열정이 지나쳐 어떤 아이에게는 상처도 주었다. 임서하는 과정에서 미리 본을 떠 놓고 그 위에 글씨를 쓴 것이 아니냐고 오해를 해서 그 아이 마음을 아프게 했던 적도 있었다. 지금 만난다면 그때 '네 말을 그대로 인정해 주지 못했던 것 미안하다'고 말할 텐데. 시간은 이미 가 버렸고 아쉬움으로 남는 대목이다.

아이들 마음속에 지겨웠던 시간이 아니라 좋은 추억으로 남는 아침 자습 시간이었기를 바라는 마음이다. 교사의 열정도 일방통행이면 안된다. 그들의 필요가 뭔지 서로 소통하고 절충하여 손뼉을 마주쳐야 마침내 큰 소리가 날 테니 말이다.

06.
청첩장 한 장을 받고 갈등하다

1993년과 1994년 연속해서 5학년을 담임했다. 그 아이들이 나이가 들어 사회인이 되고 어느새 결혼할 때가 되었는지 몇 명은 핑크빛 사랑이 물씬 풍기는 결혼 청첩장을 보내왔다. '선생님, 제가 이렇게 사랑에 골인했습니다' 하고 자랑하듯이 말이다.

퇴직 후에도 같은 지역에 살다 보니 여기저기서 학부형을 만나게 되어 행동이 조심스러웠다. 교회에서도 만나고 스포츠센터에서도 만나고 생각지 않은 곳에서 마주치면 처음에는 반가워서 아이들 근황을 물어보기도 했지만 그리 편한 관계로 이어지지는 않았다. 이미 퇴직했지만 여전히 선생님으로 사는 기분이 들었다. 학부형은 친구처럼 지낼 수 없는 묘한 관계다. 남들에게는 붙지 않는 '선생님' 호칭을 쓰니 다른 사람들 앞에서 내 스스로가 민망했다.

그런 와중에 청첩장을 받으니 가야 하나 말아야 하나 갈등이 생겼다. 누구 결혼식에는 가고 누구 결혼식에는 가지 않을 수도 없는 노릇이다. 청첩장을 받고 무척 반가워서 얼른 축하 카드를 쓰고 축의금을 준비했다. 그런데 망설이다가 결국은 가지 않았다. 몇 년 전 있었던 일이다 보니 지금쯤은 아이 아빠, 엄마가 되었을 것이다. 맨 처음 초대에 안 갔으니 그 후에 몇 번 받은 결혼 초대에도 갈 수가 없었다. 무시해 버린 꼴이 되다 보니 지금은 그 반 아이들에게서 더는 청첩장을 받지 않게 되었다. 내 딴에는 형평성을 고려하며 나를 관리하는 차원이었는데 그 아이들은 많이 섭섭했으리라. 그래도 5학년 때 담임 선생님께 자신의 행복한 모습을 보여 드리고 싶어서 초대했을 텐데, 오히려 선생님을 기억해 주는 일에 내가 고마워했어야 했는데 그것을 무시해 버렸으니 "승윤아! 철진아! 미안하다."

1999년 퇴임한 마지막 학교에서 가르쳤던 제자들이 아직도 매년 스승의 날이면 찾아온다. 그 당시 4학년이던 아이들이 벌써 올해로 서른에 접어들었다. 농담인지 진담인지 명구는 자신의 결혼식에 선생님이 주례를 서 달란다. 웃음이 절로 나왔다. 퇴직한 지 19년이나 지나다 보니 그저 아주머니 아니 할머니의 모습밖에 없는 내게 주례라니 농담이었겠지만 어쨌든 고마웠다.

전에 청첩장을 무시했던 일이 후회되어 앞으로는 무조건 청첩장을 받으면 무슨 일이 있어도 축하객으로 참석하여 맘껏 축하해 주리라 다짐했다.

"내 사랑하는 제자들아, 결혼 소식을 내게 꼭 알리렴. 망설일 것 없이 달려가서 맘껏 축복해 주마."

나이 들어 인생 황혼에 접어드니 '영원한 스승, 영원한 제자'라는 말이 참 귀하게 느껴진다.

07.
교사가 챙겨 주지 못한 아이

퇴직 후 2015년 7월부터 6개월 동안 미술심리상담사 2급 자격증 과정을 공부했다. 교단을 떠나고 십수 년이 지났으므로 미술 용품을 만져본 지 오래되어 이 모든 재료가 반갑게 느껴지며 기대되었다. 개인적으로 미술 분야에 관심이 많기도 했고 미술 심리라는 용어에 마음이 끌려서 시작했다. 또 혹시 손자, 손녀를 돌보게 되었을 때 미술이라는 매체로 함께 놀아 주면 더 흥미롭겠다는 생각도 했다.

먼저 이론 공부로 미술 치료의 이해, 정신 분석적 미술 치료, 분석 심리적 미술 치료 등을 공부하면서 실기 수업을 병행해 나갔다. 역시 기대했던 대로 흥미로웠다. 새둥지화(BND, Bird's Nest Drawing)라는 애착안정성 진단을 위한 투사 검사를 공부할 때는 현직에 있을 때의 작은 사건이 떠올랐다.

성수는 3학년 또래 중에 체격이 좋은 편이어서 뒤쪽에 앉았다. 안경을 썼고 운동 신경은 좀 둔해서 달리기라든가 체육 시간에 하는 각종 공놀이 등이 많이 서툴렀다. 달리기 자세도 보통 아이들과 많이 달랐다. 그러나 수학 시간이나 자연 시간에는 다른 친구들이 미처 생각하지 못한 것을 말해서 모두를 놀라게 하기도 했다. 약간의 영재성이 있어 보였다.

어느 날 일제고사를 치르는 시간이었다. 모두 진지하게 시험지에 집중하고 있을 때 갑자기 성수가 허둥대며 울 것 같은 표정을 지었다. 아이들의 시선이 집중될 수밖에 없었다. 다가가서 사연을 물으니 자신의 지우개가 책상 아래로 떨어져서 찾을 수가 없다는 것이다. 옆에 아이가 얼른 자기 것을 쓰라고 빌려주었지만, 성수는 자기 것이 아니라고 했다. 그래서 분실물을 모아 둔 바구니에서 크고 좋은 지우개를 갖다 주었다. 그것도 마다하며 자기 것을 찾아야 한다고 했다. 책상 밑으로 고개를 들이밀고 둘이서 찾아보았으나 탄력이 있는 지우개가 책상 아래로 떨어지면서 얼마나 멀리 튀어 갔는지 보이지 않았다. 시험 답안 작성하는 것보다 지우개가 더 중요해 보였다. 심란한 표정이었다. 시험도 제대로 칠 수 없었을 것이다. 그때는 자신의 지우개에 집착하는 성수를 참 이해할 수 없었다.

보통 아이를 기르다 보면 특정한 물건에 집착이 심한 유아기를 지나게 된다. 베개, 이불, 인형, 장난감 등에 집착을 보여 친척 집이나 여행을 갈 때도 그 물건을 챙겨 품에 안고 다니기도 한다. 전문가 이론에 따르면, 이것은 엄마와 의존적 동일시 단계에서 심리적 독립과 세상으로 나가기 위해 거치는 필연적인 발달 과정이라고 한다. 그러다가 어느 정도 시기가 지나면 자연스럽게 사라지는데, 이때 부모와 애착 관계가 불안하거나 억지로 그 행위를 제재하면 병적으로 발전할 수 있다고 한다.

성수가 자신의 지우개만 고집했던 유별난 행동이 이 이론에 부합되는 행동이었는지는 정확히 알 수 없으나 유사한 면이 있었다. 그때는 이해하지 못했고 이해하려고 하지도 않았다. 성수의 행동이 애착안정성에 기인한 것이었다면 '새 둥지 그리기'로 애착의 측정과 평가를 할 수 있었을 텐데 하는 아쉬움이 남았다. 교직에 있을 때는 왜 이런 공부를 할 기회가 없었을까?

그 후로 아이들은 성수를 유별난 아이로 바라보았다. 나는 그것이 안타까워서 남보다 잘하는 행동을 보일 때면 많이 칭찬해 주며 우수성을 높이 평가해 주었다. 아이들이 지우개 사건으로 생긴 남다르게 보는 이상한 시선을 조금이나마 상쇄해 주고 싶었다. 평소에 성수를 눈여겨 살펴보니 친구들과도 잘 어울리지 못하고 있었다. 독서를 좀 하는 편이었으며 뭔가에 집착하고 자신만의 세계에 갇혀 있는 느낌이 들었다.

진정한 교육을 위해서는 학부모와 함께해야 한다. 그 당시에는 사회적으로 교사에 대한 신뢰가 완전히 바닥에 떨어져 있었다. 학생이 교사를 고발하는 언론 매체의 뉴스가 빈번했다. 심지어는 폭력을 당하는 선생님도 뉴스거리가 되었던 때다. 촌지 문화가 사회적 문제로 대두되어 학부모가 선생님께 사례하는 것에 대해 아주 민감했다. '김영란법'이 있었다면 서로 간에 참 자유로웠을 텐데. 학부모를 학교로 부른다는 것은 괜한 오해를 불러일으킬 수도 있어서 웬만하면 일을 만들지 않는 분위기였다고나 할까.

나도 그랬다. 우연히라도 성수 부모님을 만날 수 있었다면 함께 고민해 보았을 것이다. 담임을 하면서 '내 아이를 가르치는 선생님은 어떤 선생님이기를 바라는가?' 하고 학부형의 입장이 되어 보자고 항상 다짐했다. 그런데 성수가 내 아이라고 생각했다면 학부형과 한번쯤은 면담을 했어야 한다. 그런데 교육의 본질 외적인 것 때문에 그렇게 하지 못했던 것을 지금은 후회한다. 오해 없는 소통을 위해서 교사와 학부모 간에 담이 없어야 하는데 말이다.

가르치는 일에 우선하는 것이 각 아이에 대한 관심과 사랑이라고 생각했지만 그것이 좋은 결실로 이어지게 하는 적극적인 실천 의지가 부족했다. 그 후 성수가 어떻게 성장했는지 알 수 없지만 아무쪼록 자연스럽게 세상과 잘 소통하며 자신의 강점을 최대한 살려서 행복한 삶을 누리길 기도한다.

08.
성적 지상주의에 편승하다

"엄마도 다른 엄마들과 다를 게 없어요!"

내게 아들이 고등학교 1학년 때 한 말이다. 잘 견디던 보루가 터져 버린 듯했다. 내게는 충격으로 다가왔다. 그때까지 성적을 높이기 위한 과외라든가 국영수 학원에는 보내지 않고 플루트 하나 배우는 것으로 여유롭게 취미 생활하며 학교생활을 하도록 했는데…… 1990년대 후반은 방과 후 보충 수업이 폐지되었던 때라 정규 수업을 마치고 집에 오면 학원에 다니지 않고 있었으니 그야말로 시간이 남아돌았다. 스스로 시간 관리를 해야 하는 상황이었다. 점점 게임에 재미를 붙이는 아들을 너그럽게 바라본다는 것은 불가능했다. 책을 집어던지는 이성을 잃은 엄마 모습을 보며 아들이 한 말이었다.

초등학교 다닐 때는 아이의 학교 성적으로 스트레스를 주지 않으려고 애쓰며 공부를 해야 하는 이유를 그럴싸하게 설명해 주곤 했다. 커서 누군가를 도우며 살려면 돈이나 물질뿐 아니라 지식도 쌓아야 한다고 말이다. 품위 있게 포장된 고상한 표현으로 은근히 성적을 놓고 압박하고 있었는지도 모른다. 보통 엄마들처럼 성적도 올리고 명문 대학에 가기를 바라는 마음이 왜 없었겠는가. 특목고에 가서 주어진 시간을 최대로 활용하여 후회 없이 공부하게 하고 싶은 욕심도 있었다. 고등학교 선택을 앞두고 중학교 3학년 때는 큰 종이에 특목고와 일반고를 구별해 놓고 장단점을 나열해 가며 함께 토론해서 고등학교를 선택하게 했다. 마음속으로 특목고를 선택하기를 바라며 최대한 특목고를 선택했을 경우의 장점을 강조했다. 그러나 자신은 선별된 아이들 틈에서 밤낮없이 바쁘게 돌아가는 학교생활은 하고 싶지 않다며 결국에는 일반 고등학교를 택했다.

아들의 의사를 전적으로 존중해 주는 데 인내도 필요했고, 더 이상 설득할 근거도 없었다. 다만 자신이 선택한 인생은 자신이 책임지며 살아가는 것임을 배우는 중요한 계기가 되리라는 기대만 하고 있었다. 무슨 일이든지 최종적으로는 스스로 선택하는 것을 존중해 주려고 노력했기 때문이다. 그럼에도 다른 엄마와 다르지 않다는 말을 들었다는 것은 결국은 나도 성적 지상주의에 빠져 있었다는 말이다. 그때의 불미스런 사건으로 내 자존감은 완전히 구겨져 버리고 말았다.

시골 학교에서 근무하다가 도심지 학교로 오니 그야말로 타의에 의해 학급 평균 점수에만 매달리게 되었다. 전 학년 6학급인 작은 시골 학교에서는 옆 반과 성적을 비교할 것도 없고 그냥 내 스스로 아이들 학업 성적을 향상시켜 보려고 노력했을 뿐이다. 책도 읽어 주고 옛날이야기도 들려주며 교육 과정을 내 마음대로 편집한 셈이다.

그러나 학급 수가 많은 학교에서는 모든 교육 활동뿐만 아니라 성적까지도 옆 반과 보조를 맞추어야 했다. 매월 일제고사를 치르고 학급 평균 점수를 내서 전 학급의 서열을 매겼다. 그리고 전교 학급 석차를 공개했다. 학급 성적이 나쁘면 교감 선생님에게 불려 갔다. 시험지를 나누어 주면서 큰 소리로 점수를 공개하는 것은 점수가 낮은 아이에게는 수치심을 불러일으키는 처사와 마찬가지다. 어릴 적 내 선생님이 그랬던 것처럼 생각 없이 나도 그랬던 적이 있었다. 뭐가 옳고 그른지 따져 보지도 않고 경험한 대로 말이다. 지금 생각해 보면 상대방 인격을 전혀 배려하지 않고 시험지 한 장으로 기를 죽이기도 하고 살리기도 하는 무분별한 행동이었다.

어쨌든 윗분들에게 불려 가지 않으려면 성적을 올려야 했다. 좋게 생각하면 가르치는 일에 나태해지는 것을 막기 위한 수단이었을 것이다. 학급 평균 점수를 올리는 수단으로 점수가 너무 많이 내려간 아이는 매를 맞기로 일방적으로 약속했다. 그리고 약속한 대로 손바닥을 때렸다. 신기하게도 성적이 올랐다. 무슨 진리를 발견한 양 '매 맞는 수와 성적은 정비례'라고 단언하기도 했다. 참 부끄러운 일이다. 초등학교 성적이 뭐 그리 대단하다고. 좀 더 건강한 방법으로 성적 향상을 위해 고심했어야 한다. 교감 선생님께 불려 가지 않기 위해 이런 비인격적인 방법을 썼던 것처럼 아이들도 커닝 등 비상식적인 것을 궁리했을지도 모른다. 비상식이 또 다른 비상식을 낳게 마련이다. 행여 그때 성적 때문에 매 맞은 아이들이 그 상황을 기억하고 있다면, 그것이 상처가 되었다면 무엇으로 어떻게 회복할 수 있겠는가. 사람을 만들자고 체벌한 것도 아니고 성적 때문에 매를 들었다는 것이 한없이 부끄러워진다. 사죄하고 또 사죄하는 마음이다.

그토록 성적 지상주의에 빠지지 않으려고 애쓰며 '공부'라는 말조차 입 밖에 내지 않으려고 했던 내 의지는 다 물거품이 되었다. 자의든 타의든 시류에 편승하여 내 자식과 학급에서까지 그런 모습을 보였던 것이다.

"행복은 성적순이 아니잖아요." 입으로는 그렇게 외치지만 과연 완전히 자유로운 사람이 몇이나 될까? 모 여고 교무 부장과 두 딸의 성적 조작 사건은 무엇을 시사하고 있는가? 수단과 방법을 가리지 않고 성적을 올려야만 하는 절박함은 무엇을 말해 주고 있는가? 이 사회에 편만한 가치 기준의 오류는 어디까지인가?

교육 현장의 선생님들과 이 땅의 모든 부모가 깊이 생각해야 할 영원한 과제인 듯하다.

교사 톡! Talk?!

제자가 교사에게 보내는 글

박철진(1994년, 신서초등학교 5학년 9반 제자)

우리 사회에서 교육은 언제나 뜨거운 감자다. 많은 사람이 관심을 갖고 있고 직간접적으로 이해 당사자에 속하기 때문이다. 그리고 사회 구성원 모두가 어떤 형태로든 교육의 주체와 객체로 반복하기 때문에 자신들만의 교육에 대한 관점이 생긴다. 하지만 어떤 것이 옳은 교육이고 자신이 받은 교육 중 어떤 것이 좋았는지 되돌아보는 경우는 많지 않다.

이 글을 선생님께 제안받았을 때 매우 감사한 마음이 들었다. 교육 현장에 있는 사람으로서 내가 받은 교육과 앞으로 교육을 생각할 때마다 선생님과의 추억과 일화들을 항상 기억하며 배우고자 노력했었기 때문이다. 교육대학원 입학 원서나 교직 과목에서 바람직한 교사상 혹은 존경하는 교사로 선생님 이야기를 했었다. 이 글에서는 선생님과의 추억을 통해 내 인생의 변화를 설명하면서 그 감사함을 전하고자 한다.

'시사왕'의 탄생

이 글을 준비하면서 초등학교 생활기록부를 열람해 보았다. 내가 기억하는 선생님과의 추억이 있는 만큼 선생님이 보았던 당시 내 모습이 궁금했기 때문이다. 이렇게 무언가를 궁금해하는 성격은 예전부터 있던 것 같다. 생활기록부의 여러 부분에서 호기심과 관찰력에 대한 부분들이 있다. 그런데 5학년 때는 새로운 문구가 등장한다. '사회 현상에 대한 관심', '비판적 사고'가 바로 그것이다.

내 기억에 당시 우리 반은 학년에서 모범반에 속했다. 1993년까지 우리 학년은 학급 8개로 운영되다가 5학년 때 처음 '9'반이 생겼다. 그래서 학생들 사이에서 '9'반이라는 것의 상징성이 존재했다. 어떻게 구성이 되었는지는 모르지만 성적이나 운동, 인성 등 소위 괜찮은 아이들이 8반과 9반에 많이 포진되어 있었다. 또 선생님들의 훌륭한 학급 경영으로 다른 반들로부터 부러운 반에 속하기도 했다.

이렇듯 '모범적인' 학생이 많았던 반이기 때문에 내가 두드러지는 학생은 아니었다. 공부나 체격이나 인기나 학급에서 특출하게 잘하는 것이 있다고 생각하지는 않았다. 다들 나만큼은 한다고 보았기 때문이다. 그런데 어느 날 사회 과목의 형성 평가를 보는 날이었다(선생님께서는 가끔 어떤 과목의 형성 평가를 보곤 했던 기억이 있다). 사실 사회 형성 평가를 보기

1~2주 전에 수학(당시 산수) 형성 평가를 보았는데 내 성적이 좋지 않았다. 그러나 사회 과목에는 나름 자신이 있는 편이었고 그 전의 실수를 만회하고자 하는 학구열도 있었던 듯하다. 그날의 평가는 일반 교과 내용뿐만 아니라 시사 상식에 대한 내용을 포괄하고 있었다. 낯설기는 했지만 평소에 시사에 관심이 많았기 때문에 열심히 풀었다. 결과는 예상 밖이었다. 학급에서 나름 공부를 잘한다는 친구들이 80점을 겨우 넘었는데 내가 유일하게 100점을 맞은 것이다. 나를 포함한 학급 친구들 모두 놀랐다. 그때 선생님께서 내 인생에서 중요한 한마디를 하셨다.

"철진이가 시사왕이구나!"

관심과 역할 부여

이 한마디는 말로 기억에 남은 것이 아니라 사진처럼 기억에 남아 있다. 당시 1분단 맨 앞줄에 앉아 있던 나를 바라보면서 그 말을 하시는 장면이 슬로비디오처럼 기억에 남았다. 사실 역사와 시사에 관심이 컸던 것은 맞다. 어머니 말씀에 따르면, 나는 4살 때부터 9시 뉴스를 보았다고 한다. 그 내용을 다 이해했을지는 모르지만 유독 시사에 관심을 보였다고 한다. 내 기억에도 어렸을 때의 뉴스 시그널이 기억이 난다. 또 초등학교 고학년 때는 방송사 3개의 시사고발 프로그램을 다 챙겨 보았다.

이 일화는 개인적인 관심사가 공식적인 정체성을 부여받는 느낌이었다. 이 사건은 학부와 대학원에서 각각 법학과 일반 사회 교육을 전공하는 데 많은 영향을 주었다. 실제로 생활기록부를 보니 5학년 전까지는 실험과 관찰력이 좋다는 이야기가 나오지만, 5~6학년에는 사회적 사고 능력에 대한 이야기가 나온다. 지금은 초등학교 한 학급이 20명 내외이지만 내가 학교를 다닐 때는 한 학급이 40~50명 정도였다. 그런 환경에서 개별 학생에게 관심을 두는 것은 쉬운 일이 아닐 것이다. 그런 관심과 따뜻한 한마디가 지금의 나에게, 그리고 당시 학급 친구들에게 많은 도움이 되었다고 생각한다.

우리 반은 다른 반과 달리 학급에서 각자 역할이 정해져 있었다. 공동체에 도움이 될 수 있는 일을 각자가 정해서 실천하는 것이다. 나는 창틀 닦이를 했던 것으로 기억하는데 나름 열심히 했던 것 같고 그 모습을 선생님께서 칭찬해 주셨던 기억이 있다. 아마도 키가 조그마한 녀석이 창틀에 기어 올라가서 닦는 모습이 기특해 보였던 듯하다. 이런 역할 부여는 학년 말 학예회에서도 나타났다.

보통 학예회를 하면 학급의 끼가 있는 친구들의 독무대가 될 때가 많은데, 우리 반 학예회에는 두 가지 규칙이 있었다. 하나는 개인이든 단체든 스스로 하고 싶은 것을 정해서 하면 되는 것이고, 다른 하나는 모든 구성원이 참여해야 하는 것이다. 이때 나는 학예회 2부 사회를 보았던 기억이 있다. 원래 학급에서 주도적인 학생은 아니었던 것 같은데 우연찮은 기회로 진행을 하게 되었고 좋은 경험이 되었다. 이런 역할 부여가 학생들에게 다양한 경험을 갖게 하고, 그것으로 성취감 등 많은 것을 느끼게 하는 교육이었다고 생각한다.

또 다른 인연

이 같은 교육 과정을 거쳐 나는 많은 성장을 했고 6학년에 진급했다. 선생님은 4학년 학급을 담당하셨던 것으로 기억한다. 6학년에 올라왔어도 가끔 선생님을 찾아뵈었다. 그리고 시간이 지나 나는 중학교에 들어갔고 선생님은 당시 새로 생긴 은정초등학교로 부임하셨다.

학창 시절을 지내다 보면 자신이 경험했던 다양한 선생님에 대해서 친구들과 이야기를 나눌 때가 있다. 좋은 경험도 나누고 싫어했던 경험도 나눈다. 중학교 3학년 때(지금도 만나는) 우리 반 수학 부장과 짝꿍이 되었다. 굉장히 모범적인 친구였고 학생들과 선생님들께 인정받는 친구였다. 학생들이 가장 무서워하고 피하고 싶었던 수학 시간에 수학 부장을 맡고 있었으니 그 당시를 공유하고 있는 친구들이라면 이 친구의 대단함을 인정할 수 있을 것이다. 이 친구와 지난 선생님들에 대해서 이야기를 나누던 중 내가 초등학교 때 존경하는 선생님에 대해서 말했다. 한참 내 말을 듣고 있던 친구는 "우리 엄마도 은정초등학교에서 일하는데?" 그리고 몇 번의 대화가 오간 후 우리 둘이 같은 선생님을 이야기하고 있다는 사실을 알았다. 매우 놀라운 일이었다.

교육 중에 가장 중요한 것이 가정 교육이고 가장 어려운 것이 자녀 교육이라고 한다. 내가 가장 존경하는 선생님의 가정 교육이 우리 반 수학 부장을 키워 냈다는 것이 놀라웠다. 이런 인연은 나에게는 행운과 같은 것이었다. 존경하는 선생님이라도 연락이 끊기면 추억의 한 장면으로 남기 마련이다. 그때 받았던 교육과 고마움 등도 잊어버린다. 하지만 나는 친구를 통해서 소식을 계속 접했고 그 친구의 모습 속에서 선생님의 모습을 발견하기도 했다. 나에게는 선생님과 친구 모두 소중한 인연이라고 하겠다.

우리 시대 교육은 항상 골칫거리의 이슈다. 또 교사에 대해서 이야기할 때도 많은 사람은 교사들의 문제점에 대해서 이야기한다. 하지만 나는 감사하게도 많은 선생님이 좋은 기억으로 남아 있다. 그리고 그중에서도 김경희 선생님에 대해서는 많은 감사한 기억이 존재한다.

학교는 올바른 사회 구성원의 사회화 과정을 담당하는 체계적 사회화 기관이다. 우리는 그 안에서 다양한 교육과 인간관계를 맺으며 성장한다. 교사와 학생 모두 그 현장 안에서 성장한다. 나는 운이 좋게도 아주 훌륭한 선생님을 만났고 선생님의 말 한마디 씨앗이 지금의 나를 있게 하는데 큰 영향을 주었다. 제자들에게 관심과 사랑이 없었다면 할 수 없는 찰나의 교육이라고 생각한다. 이 글로 나에게 좋은 씨앗을 심어 주신 선생님께 다시 한 번 감사를 표한다.

5부.

나를 기억하는 제자,
내가 기억하는 제자

이.
양만춘, 역경을 딛고 최고의 삶을 살다

막내로 태어난 나는 젖을 물려줄 동생이 없어 오래도록 엄마 젖가 슴을 차지했다. 간혹 이불 속에서 오빠와 쟁탈전을 벌인 적도 있지만 항상 내게 우선권이 있었다. 유년기에 오래도록 엄마 젖을 물고 있다가 이웃집 아주머니들에게 "다 큰 것이……." 하고 핀잔을 들어 머쓱했던 기억도 생생하다. 그만큼 오래도록 젖을 물었기에 엄마 품의 포근함도 그대로 내 기억 속에 살아 있다. 솜사탕처럼 달콤하고 그 어떤 두려움 도 존재하지 않는 세상에서 가장 안전하고 포근한 안식처다. 어머니가 이미 하늘나라에 가신 지금도 상상으로 충분히 느낄 수 있다.

내가 처음 맡은 반에 삼총사처럼 붙어 다니던 세 아이가 있었다. 그 중 한 명이 양만수였다. 이름 때문에 고구려 안시성 성주 양만춘이라는 별명이 붙었다. 가정 환경 조사서를 보니 보호자가 부모님이 아닌 형과 형수로 되어 있다. 조카가 바로 만수보다 한 학년 아래에 있으니 형이 부모라고 해도 충분한 나이다. 그 시절에는 그랬다. 나도 어머니가 42살이었을 때 태어났으니까 말이다.

그런 만수를 볼 때마다 참 측은한 생각이 들었다. 몇 살 때 어떻게 부모님을 여의었는지는 모르지만 그 포근하고 마음 편한 엄마의 품이 만수는 얼마나 그리웠을까? 나도 아직 엄마 품의 그 안락함을 기억하고 있는데……. 학교 수업을 마치고 돌아가 대문을 들어설 때 환하게 맞아 줄 엄마가 없다는 것이 얼마나 허전한 일인가? 나는 유년 시절 학교에서 돌아왔을 때 엄마가 없으면 책가방을 마루 끝에 내던지고 온 동네를 찾아다녔다. 어릴 때 엄마는 그런 존재다. 잠시도 눈에 안 보이면 금방 세상이 무너질 것 같은 존재다. 그래서 더욱 만수한테 마음이 쏠렸다. 그 시절 농촌의 삶이란 물질적으로 그리 넉넉하지 않았는데, 만수의 형님 댁도 그래 보였다. 유복한 가정 환경은 전혀 아니었다.

그런데 환경과는 상관없이 만수는 공부를 곧잘 했다. 간혹 지각한다든가 여자아이들을 괴롭히는 짓궂은 아이들과 함께 어울리는 것이 문제이기는 했지만, 자신이 할 일에 대해서는 책임감 있고 성실했다. 마음속으로 만수의 역량을 키워 주고 싶었다. 100% 노력하지 않는 만수가 조금만 더 한눈팔지 않고 학교생활에 충실해 주기를 바랐다.

그러던 중 '자유교양경시대회'라고 교내대회, 시군대회를 거쳐 전국대회까지 가는 일종의 독서를 권장하는 경시대회가 열렸다. 만수를 교내대회 학년 대표로 뽑았다. 방과 후뿐만 아니라 여름 방학 때도 간혹 학교에 불러서 책을 읽도록 했다. 대회에 임박해서는 이발료도 챙겨 주고 원고지도 준비해 주었다. 말이 없는 편이었고 스스럼없이 교사에게 다가오는 성격은 아니었지만 이 과정을 거치면서 자신도 모르는 사이에 많이 성장했을 것이다.

4~5학년을 담임하고 6학년이 된 지 얼마 후 수원에 살고 있는 다른 형네로 간다고 했다. 나도 그 학교를 떠나 인천으로 옮겨서 만수의 소식을 더 이상 알 길이 없었다. 그런데 퇴직을 하고 10년쯤 되던 해 제자들이 모임을 주선하여 영등포의 한 횟집으로 나를 불렀다. 5학년 철부지였던 아이들이 중년 아저씨와 아줌마가 된 모습으로 나타났다. 내게 느닷없이 장미 꽃다발을 안겨 주었는데, 당시 내 나이가 59살이라고 59송이를 준비했다고 한다. 내 세월의 연륜을 어떻게 알았는지.

보잘 것 없는 나를 잊지 않고 불러 주어서 고마웠다. 자신들도 서로 변한 모습에 놀라며 얼마나 흥분되고 시끄러웠던지. 그중에 만수의 여자 조카가 있었다. 반가웠다. 내가 양만수를 가르쳤던 것을 기억하고 만수의 연락처를 알려 주었다.

집에 돌아와서 내가 먼저 만수의 휴대 전화에 문자로 내 메일 주소를 보내고 소식을 기다렸다. 만수는 나를 잊었을지 모르지만 나는 그 제자가 많이 궁금했다. 드디어 반가운 메일이 도착했다.

그동안 잘 계셨는지요?

조카한테 선생님 소식은 들었는데 연락을 드린다고 생각하고도
지나쳐 버려 선생님께서 이렇게 몸소 연락을 주시게 하여
정말 죄송합니다.

선생님께 메일을 쓰자니 아주 옛날 초등학교 시절이 주마등처럼 지나
갑니다.

처음 부임하여 오셨던 선생님의 모습도 어렴풋이 생각이 나고요.
정확히는 모르겠는데 자유교양대회를 준비하느라 방학 중에 학교에
나왔던 기억,
과수원에서 복숭아를 사오게 하셔서 나누어 먹었던 기억
그리고 무엇보다도 제게 다정하게 대해 주셨던 선생님의 기억

저는 초등학교 6학년 초에 수원으로 이사 와서 쭉 수원에서 자랐습니다.
이후에는 ○○초등학교 동기들과는 거의 소식이 단절되었습니다.

저는 한국과학기술원을 졸업하고
지금은 한국○○기술연구원에서 수석연구원으로 근무하고 있습니다.

생각하면 지금 그래도 조금은 사회 활동을 활발하게 할 수 있게 된 것은 초등학교 때 선생님과의 만남, 그리고 선생님의 감성 교육 덕분이라고 여겨집니다.

직접 찾아뵙고 안부 여쭙는 것이 도리라 생각하지만
메일로 연락드려 죄송합니다.

다음 주 국제세미나를 마치고 한번 찾아뵙도록 하겠습니다.
그럼 안녕히 계십시오.

– 제자 양만수 올림

오랫동안 궁금했던 제자 소식을 접하고 '아, 잘됐구나!' 너무나 자랑스러웠다. 그리고 얼마 후 홍삼세트 선물을 들고 찾아왔다. 저녁 식사를 하며 그동안의 이야기를 나누었다. 늠름하고 중후한 중년의 모습이 얼마나 멋있던지. 아들딸 남매를 둔 아버지, 기관에서 중요한 역할을 맡고 있는 아주 훌륭한 모습이었다. 어릴 때의 활기 없던 모습은 찾아볼 수 없었고 역경을 딛고 일어선 제자의 모습은 당당해 보였다. 이름 석 자를 쳐서 검색하면 연구 실적이 소개되는 그런 인재가 되었다. 사랑하는 아내와 더불어 지상에서 가장 행복한 가정, 포근한 보금자리로 만들어 가기를 바라는 마음이다.

최근에 받은 메일에는 아직도 한국○○기술연구원에서 근무하고 있다 했다. 50살 전까지는 기술적 성취뿐만 아니라 사회적으로 좋은 위치에 오르기 위하여 부단히 뛰었는데, 이제는 멀지 않은 날에 은퇴하게 된다는 생각에 건강과 가족을 최우선으로 두었다고 한다. 세월의 연륜을 입고 욕심을 내려놓은 증거다. 자신이 있어야 할 자리를 잘 알아 가며 인생 여정을 통찰하는 지혜가 보인다. 박수를 보낸다.

46년 세월의 강을 건너와 뒤돌아보니 23살 풋내기 선생의 서툰 사랑이 거기 있었다.

02.
사진 한 장으로 제자를 떠올리다

　　1950~1960년대 시골에서는 혼기(婚期)가 되면 중매인들이 나서서 맞선 자리를 마련하곤 했다. 그에 앞서서 양가의 당사자 사진을 서로 주고받아 사진 속 얼굴을 먼저 보고 맞선을 볼지 보지 않을지를 결정했다. 그래서 심혈을 기울여 용모를 꾸미고 사진을 찍었다. 명함판 흑백 사진이었다. 어렸을 적 나보다 10살, 13살이나 위인 언니들이 맞선을 앞두고 읍내 사진관에 가서 사진을 찍고 맘에 안 들면 다시 찍는 것을 보았다. 어린 내가 보기에는 똑같은 얼굴이었지만, 자신들 마음에 조금이라도 들지 않으면 내보일 수 없었나 보다. 그 사진 한 장으로 인생의 갈림길이 정해질 수도 있기 때문에 사진의 완성도는 매우 중요했다.

　　디지털 카메라를 이용하기 전에는 사진을 찍으면 사람 수대로 인화해서 가졌다. 그래서 제자들 사진을 꽤 가지고 있다. 그런데 사진을 정리할 때마다 아주 작은 증명사진 하나가 큰 사진들 틈에서 빠져나와 떨어진다.

'이 아이가 누구지?' 사진 뒷면을 살펴보니 이렇게 써 있다. '소정환 78.10.26. 받음'

10월 26일 받은 것을 보면 아마도 졸업 앨범 사진 중에서 한 장을 내게 준 것 같다. 평생 남을 앨범 사신을 찍느라고 나름대로 멋을 냈을 것이다. 그러고는 잘생긴 자신의 얼굴을 선생님이 기억해 주길 바라면서 내게 준 것 같다. 맞선 사진처럼 공이 들어간 사진을 내게 준 셈이다. 비록 작은 증명사진이지만 선생님이 자신을 기억해 주기를 바라는 마음을 짐작할 수 있다.

기억을 더듬어 보니 생각이 났다. 별명은 '소정방'. 국사 시간에 나당연합군의 대총관으로 백제의 사비성을 함락한 소정방을 배울 때 이름이 비슷하다고 해서 그때부터 아이들이 붙인 별명이다. 1978년도는 지금부터 40년 전 내가 인천 석남초등학교에서 6학년을 담임했을 때다. 정환이와 나 사이에 특별한 사연이 있는 것도 아니고 눈에 띄게 학업 성적이 우수하지도 않았다. 그렇다고 크게 말썽을 부리며 나를 힘들게 하지도 않았다. 아마도 사진이 없었다면 기억 속에서 완전히 사라졌을지도 모른다. 사진이 있어서 기억이 살아난 것이다.

젊었을 때부터 여행을 좋아해서 수없이 찍어 댄 사진이 너무 많이 쌓여 있다. 내 사진은 없애 버린 것도 많다. 그런데 사진을 정리할 때마다 내 사진은 버려도 정환이 사진은 버리지 못했다. 이 글쓰기 작업을 하면서 제자들 사진을 뒤적이다가 정환이 사진을 또 만났다. 빛바랜 증명사진이 계속 눈에 띄었다. 내 사진은 쉽게 정리할 수 있는데 이상하게 제자들 사진은 버릴 수가 없다. 불러 모아 여럿이서 찍은 사진도 아니고 달라고 요청하지도 않았는데 일부러 준 독사진은 더욱 함부로 대할 수 없게 되어 40년이나 되도록 빛바랜 그 사진을 간직하고 있다.

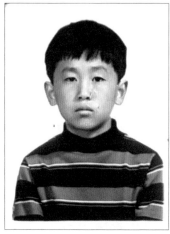

교직 생활 27년 6개월 동안 담임했던 학년 통계를 내 보니 1학년 3회, 2학년 2회, 3학년 6회, 4학년 6회, 5학년 6회, 6학년 4회 그리고 비담임 증치 교사 1회로 담임을 맡은 횟수가 무려 27회였다. 한 해에 만난 제자를 평균 50명으로(재직 당시 보통 학급당 40~65명) 계산하면 1350명 안팎이다. 1350명이 넘는 아이 중에 나를 기억하고 있는 제자는 얼마 없겠지만 나 역시 확실히 기억하는 제자가 많지 않다. 아마도 6학년 제자들은 그래도 담임을 좀 기억하겠지만 그 이외 학년을 담임했을 때 제자들은 거의 선생님을 잊고 있을 것이다. 그럼에도 연락을 계속하는 제자들이 있다는 것은 참 대단한 행운이라고 생각한다. 무엇으로라도 연이 닿아 이름을 기억하게 된다면 그것은 1350분의 1에 해당한다. 제자 한 명은 전체 제자의 0.07%에 불과하다. 겨우 0.07%에 해당하는 정환이 증명사진 한 장을 정리하지 못함은 그만큼 나를 스쳐 간 제자들 각 한 명이 모두 소중하기 때문이다. 그리고 그 사진을 건네줄 때의 그 마음을 무시해 버릴 수 없기 때문이다. 그것이 바로 '선생님 마음'이다.

"정환아, 네 바람대로 잊지 않았단다. 아주 귀엽고 사랑스러웠던 네 모습을 말이야."

그 사진을 얼마나 더 오래 간직할지는 모르지만 그 흑백 증명사진에 '물망초 사진'이라고 멋진 이름을 붙였다. 물망초 어휘를 타고 추억 여행을 떠난다. 고등학교 때 감명 깊게 보았던 〈물망초〉 영화의 한 장면이 떠오른다. 남자 주인공 알도(페루치오 탈리아비니)가 자신을 버리고 옛 애인을 따라가는 엘리자베스를 향해 눈물이 그렁그렁한 눈으로 애절하게 부르던 노래가 바로 〈물망초〉다. 빛바랜 증명사진 위로 멜로디와 함께 영상이 스쳐 간다. 행복한 추억 여행과 함께 말이다.

"Non Ti Scordar Di Me(나를 잊지 말아 주세요)."

03.
선생님과 결혼하고 싶어요

내가 다니는 교회에 김영준 목사님이 새로 부임해 오셨다. 그런데 퍼뜩 생각나는 제자가 한 명 있다. 1986년도에 1학년이었던 제자다. 나는 그날부터 목사님 얼굴을 세밀히 분석해 가며 그 오래전 기억 속 영준이 얼굴과 매치시켜 보았다. 그렇게 닮은 것 같지는 않는데, 32년 전이니까 그동안 성장하며 변했을 수도 있다고 생각되어 집착을 떨쳐 버릴 수 없었다. 목사님 프로필을 살펴보았다. 근거가 될 만한 것은 찾지 못했지만 내가 열심히 보는 CGNTV QT 일본어 방송을 개설하는 데 공이 있다고 해서 더 친근하게 느껴졌다. 손가락을 꼽으며 출생 연도와 나이를 짐작해 보았다. '아마 그 영준이가 이 나이쯤 되었을 거야.'

강단에 선 영상을 확대해 보며 끈질기게 두 사람이 내가 마음에 품고 있는 한 사람으로 일치되기를 바라고 있었다. 늘 마음속에 품고 있다가 어느 날 계단을 오르다 목사님을 만났다. 몹시 바쁘신 듯 빨리 내려가셔서 눈길도 마주치지 못했지만 용기를 내서 등 뒤에 대고 큰 소리로 "목사님, 고향이 인천 만석동이신가요?" 하고 물었다. "아닙니다. 그리고 저는 아직 목사가 아닙니다." 하고 간단하게 대답하며 사라지셨다. '아, 그 영준이가 아니었구나.' 하고 붙잡고 있던 사랑의 끈을 내려놓았다.

지금부터 32년 전 인척 만석초등학교에서 1학년을 담임했다. 초등학교 입학식은 본인은 물론이고 젊은 아빠와 엄마 그리고 할아버지, 할머니까지 설레게 하는 기대에 부푼 날이다. 그런 날 영준이는 한쪽 다리에 석고붕대를 하고 목발을 짚고 왔다. 안쓰러웠다. 키도 작아서 아예 맨 앞에 세웠다.

처음 학교에 들어온 1학년에게는 교내 곳곳을 돌아보며 건물과 용도를 소개하는 과정이 있다. 걸어서 많이 이동할 수밖에 없었다. 한두 장소를 걷다 보니 영준이가 너무 불편해 보였고 시간이 많이 소요되어 아예 영준이를 등에 업었다. 신통하게도 아무 저항 없이 덥석 업히는 것이다. 꼬마 신랑을 업고 다니듯 교내를 업고 돌았다. 부속 건물뿐 아니라 교장실, 교무실도 설명하며 돌았다. 다른 아이들은 견지망월(見指忘月), 달을 가리키는데 손가락을 쳐다보느라 달을 놓치듯이 설명하는 장소에 집중하기보다 흘깃흘깃 영준이를 부러운 듯 쳐다보았다. 시간도 지체되고 영준이가 안 되어서 그리했는데 1학년 아이들 입장에서는 영준이만 예뻐한다고 생각했을까?

어쨌든 영준이는 입학 후 한 달 이상을 그렇게 불편하게 학교생활을 시작했다. 키도 작고 어려서 아기 같았다. 신경이 많이 쓰였다. 그 후 어느 날 영준이 고모를 만났다. 만나고 보니 교육대학교 동기 동창이었다. 학창 시절에는 오면가면 안면만 있었는데 이렇게 만난 것도 특별한 인연이라 반가웠다. 그런데 고모 입에서 재미있는 말을 전해 들었다. 어느 날 영준이가 가족 앞에서 "나는 나중에 선생님과 결혼할 거야."라고 말해서 한바탕 웃었다고 한다. 영준이가 결혼이 뭔지나 알고 한 말일까 싶지만 어쨌든 선생님이 좋다는 뜻은 확실한 것 아닌가? 기분이 나쁘지는 않았다.

아마 지금은 성인이 되어 그런 이야기는 기억조차 없고 담임 선생님이 누구였는지도 기억하지 못할 것이다. 그러나 나는 32년이 지난 오늘까지도 그 말을 기억하고 있다. 실행될 가능성이 전혀 없는 황당한 말이었지만 그 말속에 담긴 의미에 내내 사로잡혀 있다가 불쑥 생각난 것이다.

그렇다. 칭찬은 고래도 춤추게 한다지 않은가? 초등학생 1학년짜리가 한 말을 아직도 기억하고 혹시 그 아이가 오늘 내 앞에 나타난 것은 아닐까 설레며, 전도사님과 이름이 같다는 이유만으로 끝까지 확인하려 들었던 이 상황을 생각하니 스스로에게 웃음이 났다. 얼마 동안 좋은 기억의 추억 속에 빠져 지냈다. 이후 그 전도사님이 내가 봉사하고 있는 부서 담당자로 오셔서 가까이 뵐 기회가 자주 생겼다. 직접 뵈니 내 마음속 그 영준이와는 피부색부터 닮지 않았음을 확인할 수 있었다.

지금은 목사 안수를 받아 목사님이 되셨는데 마주칠 때마다 한번씩 그 영준이가 생각난다.

이 상황을 반대로 생각해 보았다. 선생님께 받은 칭찬이나 위로, 인정받는 일 등은 얼마나 그 아이의 인생 여정에 큰 동력으로 작용하게 될까? 절망에 처했을 때 그 한마디가 다시 생각나 일어날 수 있을 것이고, 재능 없음에 위축되어 열등감에 사로잡혀 있을 때 그 옛날 받았던 칭찬 한마디가 한 줄기 희망의 끈이 되어 포기하지 않게 되는 일이 분명 있으리라 확신한다.

영준아! 너는 선생님 등에 업힌 것을 잊었을지 몰라도 나는 그 한마디를 잊지 않고 '아직도 그대는 내 사랑'이란다. 하하하!

"아직도 그대는 내 사랑
수많은 세월이 흘러도
사랑은 영원한 것
아직도 그대는 내 사랑
희미한 기억 속에서도
그리움은 남는 것"

(생략)

오래전 유행한 대중가요를 흥얼거리며 웃음이 절로 나온다.

04.
선생님한테서 선생님 냄새가 나요!

'냄새' 하면 코를 막고 인상을 찌푸리게 하는 냄새가 있는가 하면 코를 벌름거리며 얼굴에 미소를 짓게 하는 냄새도 있다. 아시아인은 마늘 냄새, 서양인은 치즈 냄새가 난다는 고정 관념도 있다. 히피 생활을 하며 과일류만 먹어 자신에게서는 과일향이 난다면서 샤워를 자주 하지 않아 주변의 불만을 산 유명인의 재미있는 에피소드도 있다. 외국인에게는 거부감을 주는 김치 냄새, 된장국 냄새가 외국에서 살고 있는 한국인에게는 향수를 불러오는 그리운 냄새가 될 수도 있다. 기분을 좋게 하는 냄새를 향기라는 단어로 구별하여 표현하지만 어쨌든 냄새는 코로 체험하는 언어다. 그런데 코로 체험하지 않고 느낌이나 분위기로 체험한 것을 냄새나 향기로 멋지게 표현할 수도 있다.

1989년 서울 양명초등학교에서 전 학년도에 6학년을 가르치고 다섯 계단을 점프해서 1학년을 가르치게 되었다. 저학년보다는 고학년 담임을 많이 했던 터라 갑자기 1학년을 맡은 것은 큰 부담이었다. 용어부터 어떤 말을 써야 할지 난감했다. 사실 1학년과 6학년은 사회적 경험이나 인지 능력 면에서 엄청난 차이가 난다. 초등학교 교사는 여섯 계단을 오르내리며 그 나이에 맞게 눈높이를 맞추어 나가야 한다. 용어 자체부터 쉬운 말로 바꾸어야 하고 표정과 동작도 그에 걸맞게 해야 한다. 그야말로 변신이다.

많은 사람 앞에서 율동하는 것을 유난히 꺼려서 1학년은 거의 희망하지 않았는데 어쩌다 1학년을 맡게 되었다. 학년 대표로 율동을 담당한 재능 있는 선생님이 계셔서 3월 교실 밖 수업은 무난히 넘어갔다. 고학년과 달리 1학년은 수업 시수는 적지만 개개인에게 손이 많이 가기 때문에 오후까지 수업하는 5~6학년과 체력 소모는 거의 같다고 본다.

막상 1학년과 어울리다 보니 아이들의 순진무구함에 빠져 버렸다. 너무나 사랑스러웠다. 아주 솔직해서 느낀 대로 표현한다. 선생님 얼굴을 그리거나 친구 얼굴을 그린 후에 설명을 들어 보면 그 표현들이 정말 재미있다. 옆 반에서는 어느 아이가 선생님께 자기 짝꿍이 선생님 얼굴과 머리카락을 미친년처럼 그렸다고 일렀단다. 딴에는 선생님의 예쁜 얼굴을 망쳐서 속상한 마음을 그렇게 말했을 것이다. 1학년은 학교생활의 출발점이어서 모든 분야에서 바른 습관을 갖도록 해야 한다. 한 명씩 개별 지도가 필요하다. 한번은 가까이 다가가서 손을 잡고 글씨체를 교정해 주었더니 씽긋 웃으며 "선생님한테서 선생님 냄새가 나요." 하는 것이다. 글씨를 바로잡았다기보다 아주 가까이서 선생님을 체험한 것이다. 그리고 그 느낌을 한 줄의 시처럼 표현했다. 그 기발한 표현에 솜사탕으로 머리를 맞은 듯 달콤했다.

내가 그 나이일 때 나도 가까이서 선생님 냄새를 맡았던 아련함이 떠올랐다. 분필가루로 범벅이 된 하얀 손가락, 그리고 자상함과 경외감이 느껴지는 알 수 없는 분위기. 그대로 간직하고픈 체취였다. 이 아이도 내게서 그런 냄새를 경험한 것일까? 어쩌면 단순히 화장품 냄새였을지도 모르지만 내가 체험했던 다정하고 인자한 그런 '선생님 냄새'이기를 바라는 마음이다.

다정하고 인자한 '선생님 냄새'로 가득 찬 교실은 평화라고 생각한다. 그런 분위기여야 신명 나는 배움의 꽃이 피워질 것이다. 특히 초등학교에서는 다정하고 인자한 '선생님 냄새'가 먼저 교실에 가득 준비되어 있어야 새로운 지식을 쌓는 활동이나 생각을 움직이는 발동기가 힘차게 돌아갈 것이다. 그때의 '선생님 냄새'는 행복을 맛보는 '향기'로 표현되어야 하리라.

퇴직 후에도 종종 전직이 교사였냐는 질문을 받는다. 그럴 때면 "선생님한테서 선생님 냄새가 나요." 하던 그 사랑스럽던 아이의 얼굴이 떠오른다.

05.
방관자 효과와 솔선수범했던 아이

　서울 신서초등학교에서 3학년을 담임했을 때다. 혜수는 여학생이
지만 남자 같은 성격이었다. 활달하고 목소리도 크고 아주 씩씩했다.
그러면서도 상황을 바라보는 촉각의 범위가 넓었다. 선생님을 향해 일
거수일투족을 놓치지 않고 보고 있다가 누군가의 도움이 필요하다 싶
으면 당장에 달려와서 챙기고 해결해 준다. 자료실에서 수업 자료를 들
고 올 때면 얼른 다가와 생글생글 말을 걸며 받아 든다. 운동장 체육 시
간이면 빈 교실에서 선생님 소지품이 분실되지 않도록 챙겨 준다.

　정말 그림자처럼 교사 책상 주변을 맴돌며 에너지를 공급해 주는
아이다. 그렇다고 성적이 아주 우수하거나 학급의 반장도 아니었다. 위
로 두 오빠 밑에서 늦둥이 여동생으로 충분한 사랑도 받고 티격태격하
며 활달한 성격으로 구김살 없이 자란 것 같았다. 항상 밝고 명랑해서

시들어 가는 세포를 살리는 느낌을 주었다.

저학년 담임을 하면 특별한 경험을 하게 된다. 요즘 아이들은 의사 표시도 잘하고 너무 지나쳐서 걱정인 경우도 있지만 과거의 아이들은 좀 달랐다. 그렇게 엄하게 하지 않아도 선생님한테 말하는 것을 주저했다. 보통 그런 아이들의 부모들은 자신의 아이가 숫기가 없다고 표현한다. 지금도 성격상 의사 표시를 잘 못하는 아이들도 있다.

과거에는 화장실 가겠다는 말을 미처 못 하고 수업 시간에 오줌을 싸거나 냄새를 풍기는 큰 일까지 보는 경우도 있었다. 수업 시간에 아이의 표정을 보면 금방 알 수 있다. 오줌을 싸서 의자 밑에 흘러내린 물기를 보면 "누가 물을 쏟았구나." 하고는 다른 아이들이 눈치채지 못하게 얼른 집에 보낸다든지, 집이 가까우면 심부름 시키듯 갔다 오도록 둘러대서 아이의 수치심을 덮어 주었다. 그러나 냄새를 풍길 때는 그 주변에서 난리가 난다. 철없는 아이들은 자신이 그런 일을 당할 수도 있다는 역지사지(易地思之)의 생각은 전혀 못하고 코를 막고 킥킥거리며 수군댄다. 이때는 어쩔 수 없이 화장실로 데리고 가서 속옷을 벗기고 바지만 입혀서 집에 보낸다. 아이에게는 평생 씻을 수 없는 부끄러운 일로 남을 것이다. 자신의 잘못이나 실수라기보다 생리적인 조절을 못해서 또는 강한 스트레스 때문이라 꾸중을 들을 일은 절대 아닌데 말이다. 그럼에도 부끄러움으로 아이는 기가 죽어 있곤 했다.

그런데 난감한 경우가 또 있다. 집에서부터 속이 안 좋은 상태로 등교하여 토하는 일이다. 성인 같으면 대처를 잘 하지만 어린아이들은 잘

못한다. 불편한 상태로 앉아 있다가 그냥 그대로 책상 위나 학용품 위에 토해 버린다. 이때마다 비위가 약했던 나도 같이 토할 것 같은 상황이 되어 버리곤 했다. 급히 교실 뒤 휴지통 앞에 서서 눈물을 짜며 구역질을 억지로 참아 진정하곤 했다.

어느 날 그런 상황이 벌어졌다. 괴로움을 참으며 수습하려고 아이 곁으로 다가가니 어느새 단짝 친구인 혜수가 달려왔다. 든든한 지원군을 얻어 잘 수습했다. 학급에는 이렇게 남들이 피하는 일을 솔선수범하는 아이들이 있다. 그런 궂은일을 하도록 내버려 둔 것을 학부모가 알았다면 언짢았을지도 모른다. 그러나 곤란에 처한 친구를 배려하는 자발적 선행은 높이 칭찬해야 할 일이다. 그 칭찬은 성인이 되어 사회에 나가서도 남을 배려하는 마음으로 이어질 테니까 말이다. 그것이 교육의 힘이다.

주변의 어려움에 함께 동참할 수 있었음에도 외면해 버리고 그 때문에 마음이 불편했다면 우리는 무엇을 택해야 했을까? 우리는 보다 차원 높은 정신적 행복을 누릴 수 있는 길을 얼마든지 택할 수 있다. 그러나 제노비스 신드롬(Genovese Syndrome: 방관자 효과)이나 얕은 이기심에 발목이 잡혀서 피하고 있을 뿐이다. 혜수의 그런 행동들은 교사에게 잘 보이기 위한 겉치레적인 것이 아니었다. 스스로 누군가를 배려하고 챙겨 주는 넉넉한 마음에서 오는 것이다. 기특했다. 내가 오히려 방관하지 않고 행동으로 옮기는 태도를 배울 필요가 있었다.

인근 학교로 전근해서 근무할 때 공익근무요원으로 일하고 있는 청년을 만났다. 우연한 기회에 이야기를 나누었는데, 알고 보니 나이 차가 좀 있던 혜수 오빠였다. 얼마나 반가웠는지 모른다. 내 든든한 지원자였던 혜수를 만난 것처럼 반가웠다. 혜수 소식을 물으니 고등학생이 되어서도 여전히 밝고 씩씩하다는 것이다. 그때의 그 모습으로 자란다면 어디서나 밝고 명랑하게 건강한 리더십을 발휘할 것이라고 확신한다.

06.
사랑에 배고픈 아이가 있다

1987년 인천에서 서울로 전근하게 되었다. 그해에는 서울 근무를 희망하는 지방 교사들에게 일정 조건을 채우면 서울로 이동할 수 있는 특별한 기회가 주어졌다. 대거 이동한 지방 출신 교사들을 대상으로 서울 교육에 대해 오리엔테이션도 받게 했다. 서울 교육은 뭔가 색다른 것이 있는지 기대를 품게 했다. 3월 서울 행당초등학교로 발령을 받고 부임했으나 담임 배정을 받지 못했다. 교직 경력 15년차임에도 갓 졸업한 신규 발령자에게는 학급을 주고 나한테는 담임 배정을 하지 않은 것이 못내 섭섭했다. 지방 출신 교사라고 푸대접하는 느낌이 살짝 들었다.

그 당시에는 학급을 맡지 않은 교사를 교과 전담 교사가 아닌 증치 교사로 불렀던 것 같다. 출산 휴가라든가 출장, 연가 등으로 결원이 된 자리에 가서 대신 얼마간 학급을 맡는 떠돌이 교사다. 서울특별시에 와서 푸대접을 받는구나 생각했지만, 달리 생각하면 이 학급 저 학급 돌면서 학교의 형편이나 서울 교육의 현주소를 파악하기에는 더 좋은 기회였다.

사실 담임은 학년 초가 되면 아이들과 약속을 하고 하나하나 그 약속을 지켜 가면서 학급 운영의 효율성을 높인다. 그런 가운데 학력도 높이고 인성도 다듬어 가는, 내 학급에서만 이루어지는 우리만의 불문율 같은 것이 생기게 마련이다. 그것이 없으면 1년 내내 통제를 못 해서 교실은 늘 아수라장이 된다. 그래서 타 학급을 잠시 동안, 아니 하루 이틀 동안만 맡는 것은 시간을 투자한 만큼 교육적 효과를 거두지 못한다.

그런 내게 돌발 상황이 발생했다. 특수 학급에 결원이 생겨 얼마간 특수 학급을 맡게 되었다. 경험이 전혀 없는 상태에서 특수 학급에 들어가니 무엇을 어떻게 해야 할지 난감했다. 특수 아동에 대해 아는 것이 거의 없는 채로 말이다. 교육 과정에 따른 학습지도안은 인계받았지만 1~2명도 아니고 난감했다. 아이들을 지도하는 것이 아니라 그냥 섞여서 노는 꼴이었다. 쉬는 시간과 수업 시간도 구분이 안 되었다. 하루 일과를 마치고 가까스로 하교 시키고 나면 허무했다. 오늘 나는 뭐를 했나 하고 말이다. 각각의 장애 정도도 차이가 심했다. 일반 학급의 학습 부진아가 특수 학급에 와서는 대장 노릇을 한다. 장애 정도 차이에 따라 맞춤 학습을 해야 하는 것이 아닐까? 이런저런 생각을 하며 특수 아동을 지도할 자격증도 없는 내가 특수 학급을 맡아 잠시 동안이었지만 많은 고민을 했었다.

이후 1996년 서울 은정초등학교에서 3학년을 담임할 때 지적 장애 어린이를 맡게 되었다. 전학을 오던 날 고모님이랑 아버지가 보호자로 아주 잘생긴 6학년 오빠와 현정이를 데리고 왔다. 현정이도 표정이 밝고 예뻤다. 어머니 없이 아버지가 두 아이를 양육할 수 없어서 고모네에 맡기고 일을 하러 간다고 했다. 현정이의 해맑간 표정과 달리 아버지는 얼마나 참담한 심정이었을까? 그 가족을 보며 평범하지 않은 동생을 둔 오빠도 안쓰러웠고, 아이 둘을 출가한 여동생 집에 맡기는 아버지의 처지도 안타깝게 느껴졌다. 그 상황을 수락한 고모네 부부가 참 대단해 보였다. 고모네도 좁은 임대 아파트였기 때문이다. 그러나 특수 아동 교육에 대한 전문 지식이 없는 내 자신이 더 큰 문제였다. 잠시 동안 특수 학급을 맡았던 경험은 있었지만 과연 얼마나 보탬이 될까 싶었다.

현정이는 약간의 지적 장애에 해당하는 것 같았다. 또래 아이들 정도의 객관적 판단력이 없어서 부끄러운 행동인지 잘하는 행동인지 잘 분별하지 못했다. 수업 시간에 큰 소리를 지른다든가 손을 들고 터무니없는 말로 발표한다든가 했다. 그런 행동을 별로 무안해하지도 않았다. 최대한 관심을 기울이며 다른 아이들에게는 피해가 가지 않도록 애썼다. 손을 든다는 것은 관심을 가져 달라는 표시며 사랑받기를 원하는 몸짓이다. 모든 아이가 다 그런 마음이겠지만 현정이는 그것을 서슴없이 행동으로 나타내고 있었다. 현정이를 처음 보고 안타깝게 느낀 것만큼 마음을 다하여 관심을 기울였다. 우러나오는 사랑이라고 말할 자신은 없었지만 담임의 시선이 가는 곳에 반 아이들의 시선도 따라간다고 생각한다. 아이들 사이에서 행여나 소외되는 일은 없어야 했다. 비웃음이나 반감의 시선이 아닌 사랑과 배려의 시선이 현정이에게 쏠리도록 마음을 쏟았다.

어느 날 내가 미처 모르는 현정이에 대한 정보를 아이들이 말해 주었다. 현정이는 화장실에 가서도 문을 활짝 열어젖히고 볼 일을 본다는 것이다. 다른 반 아이들에게는 웃음거리가 될 일이었다. 그 후로는 현정이가 화장실을 갈 때마다 여학생 한 명을 따라가게 했다. 한 번 그렇게 했더니 수업 시간이나 쉬는 시간 언제고 현정이가 화장실을 갈 때는 자동으로 따라가는 친구가 생겼다. 큰 일을 볼 때는 화장지까지 챙겨 갔다. 평소에 말수가 적어 조용했던 지은이가 그 일을 해 주니 참 고마웠다. 아마 그 모습을 본 다른 아이들도 뭔가 느끼는 바가 있었을 것이다.

한 학년이 다 가도록 현정이의 학습장은 별로 달라지는 것 없이 가방 속에서 들고 나며 해지기만 했다. 아이들과 섞여서 등하교를 하고, 아이들이 웃을 때 공감하며 웃을 수 있고, 운동장에서 아이들 주변에서 뛰놀 수 있다면 그것으로 더 이상 바라지 않았다. 전문가가 아니라서 그래도 되는 것인지는 잘 몰랐지만 내 마음은 늘 현정이 마음을 만지고 있었다. 하교 후에도 집에 돌아가지 않고 텅 빈 복도에 서서 창 너머로 나를 들여다보는 현정이를 자주 보았다. 막상 문을 열고 나가면 멀리 달아나면서 말이다.

그렇게 한 학년을 마치고 4학년으로 올라갔다. 새 담임 선생님은 남자 선생님이었다. 그냥 현정이가 학교생활을 잘 해내면 좋겠다는 바람만 가졌을 뿐 별다른 대책은 없었다. 그런데 새 학년이 시작되고 방과 후 사무를 보고 있던 2학년 교실 복도를 몇 명의 아이들이 기웃거렸다. 내 교실을 어떻게 알고 찾아왔을까? 그중에 현정이가 있었다. 해맑게 웃는 얼굴로 말이다. 그 웃는 얼굴을 보는 내 마음이 참 아프고 슬펐다. 내가 현정이를 사랑했나 보다.

몇 번이나 찾아왔던 현정이를 달래서 보내곤 했다. 새 담임 선생님에 대한 예의를 지켜야 했기 때문이다. 얼마 후에 현정이 고모님이 찾아오셨다. 현정이가 다시 전학을 하게 되어 고마운 마음을 전할 겸 인사드리러 왔다고 말이다. 그리고 감사의 선물이라며 프라이팬을 놓고 가셨다. 특수 아동에 대한 전문 지식도 없이 짧은 경험을 바탕으로 겨우 챙겨 주었는데 고맙다니, 오히려 내가 부끄러웠다.

그 프라이팬을 사용할 때면 전 담임 선생을 찾아와 교실 창 너머로 바라보던 현정이 얼굴이 떠올랐다. 근심 걱정 없이 해맑게 웃던 얼굴이 생각난다. 이제 다 큰 아가씨가 되었을 텐데 세상이 험하더라도 서러운 눈물 따위는 배우지 말고 어디선가 그때처럼 해맑게 살아가기를 간절히 기도한다.

나는 행복한 사람으로 산다
: 열정을 펌프질하는 중년

1999년 8월 말 명예퇴직을 하는 내게 후배 선생님이 송별회 자리에서 "너무 빨라요! 아직 교단을 떠나기에는 재능이 아까워요."라고 말했다. 그때 나는 이형기 시인의 〈낙화〉를 떠올리며 "가야 할 때가 언제인가를 분명히 알고 가는 이의 뒷모습은 얼마나 아름다운가."라고 답하여 좌중이 억지웃음을 짓게 했다. 그리고 이제 19년째를 맞고 있다. 과연 내 뒷모습은 어떤 모습으로 오늘에 이르렀는지 돌아본다.

퇴직할 당시 6남매 중 맏며느리였던 내게는 늘 숙제처럼 느껴지는 일이 있었다. 내가 결혼하기 훨씬 전에 시아버지는 두 차례나 쓰러지셨고 그 탓에 혈관성 치매로 정상이 아닌 삶을 살고 계셨다. 1994년 8월, 그런 시아버지를 두고 먼저 하늘나라에 가게 된 시어머니께서는 "내가 이런 아버지를 두고 먼저 눈을 감을 수가 없구나." 이렇게 말씀하셨다. 죽음과 힘겨운 싸움을 벌여야 하는 병상에서도 시어머니는 자식들이 겪어야 할 고통을 걱정하셨다. 그때 나는 자신 있게 "어머니, 아무 걱정 마셔요. 앞으로 제가 아버님을 책임지고 잘 모실게요."라고 말했다. 시어머니를 하늘나라에 보내 드린 후 낮에는 시누이가 보살피고 퇴근 후에는 내가 시아버지를 보살폈다. 그러나 결혼도 하지 않은 시누이를 언제까지 병상의 그늘 속에 묶어 둘 수 없다는 생각에 스스로 퇴직을 선택했다. 그때 교단에 대한 열정이 식어 버린 것도 아니고 49살 나이로 퇴직하기에는 조금 아쉬움도 있었지만, 여러 가지 상황으로 볼 때 교단을 떠나야 할 때가 되었다고 생각하여 용단을 내린 것이다.

그 후 시아버지께서 소천하실 때까지 완전히 갇힌 생활을 했었지만 내 정신세계는 더욱 깊이 성찰하며 성숙해지는 계기가 되었다. 출근 대신 시아버지의 침상을 살피고 변비를 예방하는 식단을 짜며 이발과 목욕을 시켜 드리는 것이 일상이었다. 스스로는 아무것도 할 수 없는 그 한 인생에 연민의 정을 느꼈다. 장담할 수 없는 우리 노년의 모습도 보였다. 아들도 며느리도 분별하지 못하시며 정상적인 대화가 되지 않으니 그런 시아버지를 탓할 수는 없었다. 나 자신만 마음을 잘 다스리면 쉬운 일이 될 수도 있었다. 어떤 날은 이불을 몇 차례나 빨아야 하는 육체적 고통도 있었지만 그럴수록 내 얼굴에 그늘을 만들지 말자는 다짐을 했다. 시아버지를 모시면서 내 아들딸에게 본이 되는 모습을 보이지 못한다면 더 큰 인생의 손실을 불러올 것이기에 말이다. 그리고 신앙인으로서 삶 속에서 진정한 사랑을 실천할 기회로 삼았다. 최선을 다했다. 명문 평양고등보통학교와 일본 유학까지 하셨던 분의 현재 모습이 얼마나 초라한가? 2002년 크리스마스 이브에 생을 마치신 시아버지의 삶은 우리에게 훌륭한 반면교사가 되었다.

　양가 부모님을 모두 하늘나라로 보내고 남은 인생 여정에 무엇을 시작해 볼까 생각한 끝에 탁구동호회에서 만난 지인의 소개로 2003년 각당사회복지재단에서 운영하는 호스피스 자원 봉사자 교육을 받았다. 양쪽 어머님이 암으로 돌아가셨고 그때는 말기 환자에 대한 아무런 상식이 없는 데다 죽음을 앞둔 이들을 어떻게 간병해야 할지 몰라서 아쉬운 점이 많았다. 또 내게도 노년과 질병은 찾아올 것이며 건강할 때 누군가를 위해 가진 것을 나눌 수 있는 삶이야말로 축복이라고 생각했기 때문이다. 교육이 끝난 직후인 12월 서울시 강서구 화곡동에 있는 천사노인요양원에서 봉사 활동을 시작했다. 열악했던 환경이 좋아져 요즘은 손발톱을 깎아 드리며 말벗 친구가 되어 주고 있다. '솔향기'라고 팀 이름을 붙여 팀장을 맡은 지 15년째를 맞았고, 그동안 숱하게 많은 어르신을 보내고 맞이하며 갖가지 사연도 간접 체험했다.

　그곳에서 점점 시력을 잃어 가는 이기경(85세) 어르신을 만났다. 늘 귀에 이어폰을 꽂고 성경 말씀을 들으며 종이접기로 시간을 보내고 계신다. 전직 교사였다고 들었는데 본인은 현재의 내 모습으로만 봐 달라며 지난 이야기에는 일체 입을 닫으신다. 자녀들이 나를 이곳에 버렸다고 원망과 불평으로 지내는 분들과 비교하면 과거에 누렸던 부나 명예, 신분은 아무런 의미가 없음을 깨닫고 일생에 찾아드는 쇠락을 잘 수용하는 어른의 모습이다. 우리가 방문하면 아주 반가워하시는데, 함께 찬양과 말씀을 나누는 것을 고대하시기 때문이다.

지난 크리스마스와 사순절 기간에 그분에게서 우리 팀원 5명이 모두 선물을 받았다. 아주 의미 있는 선물이다. 점점 잃어 가는 시력을 극복하고 학, 배, 비행기 등 손끝 기억을 더듬으며 정성스럽게 접은 것이다. 사순절 기간에 매일 우리 봉사자를 묵상하며 접었다고 한다. 자신이 줄 수 있는 것은 오직 이것뿐이라고 부끄러워하시면서 각각 비닐봉지에 넣어 건네주셨다. 알록달록 색깔이 참 곱다. 집에 가져와 유리병에 담아 책상 위에 올려놓았다. 그 어떤 비싼 선물보다도 많은 의미가 담긴 선물이다. 화려했던 지난 시절은 뒤로 한 채 시설에서 시간을 낚으며 영혼의 기도를 담아 만든 걸작이다. 한 어르신의 노년 모습이 내 가슴을 아리게 한다. 비록 시설 안에 갇힌 몸이지만 불평하기보다는 자유로운 영혼으로 세월에 순응하며 감사를 전하는 환한 모습이 붉게 물든 황혼의 아름다움을 보는 듯하다.

돌아가신 부모님들과 요양원 어르신들의 모습을 떠올리며 죽음준비지도자 교육도 받았다. 메멘토 모리(Memento Mori)를 늘 생각한다. 그 관문을 담

담하게 통과할 수 있다는 자신감도 생겼다. 또 손주들을 제대로 보살필수 있도록 미술치료상담사 2급 과정도 마쳤다. 모임에서 회자되는 웰빙, 웰리빙, 웰에이징, 웰다잉을 구체적으로 어떻게 살아야 하는지 생각하며 노인 상담 교육 과정도 배웠다. 이런 경험을 통해 내 모습을 객관화시켜 볼 수 있다는 것이 큰 소득이다. 내 아집 안에 갇혀서 생리적 나이만 먹어 사람들을 찡그리게 하는 노인이 아니라 누구에게든지 삶의 지혜를 빌려줄 수 있는 어른으로 살기를 원한다. 아직도 꿈을 키우는 어른으로서 좋은 영향력을 끼치며 살아간다면 얼마나 귀한 삶인가?

매주 화요일에는 일본어를 재미있게 공부하고 있다. 남편과 온천의 나라 일본을 여유롭게 여행할 날들을 꿈꾸는 것도 행복하다. 새 책과 새 가방을 들고 등교하는 신입생처럼 신바람 나게 배움의 장소를 찾아다닌다. 나이에 걸맞은 어른이 되기 위해서 촉각을 세우고 열심히 뛰고 있다. 이제 높아지는 기대 수명으로 UN에서도 18~65살은 청년이고, 65~79살은 중년이라고 새 연령 분류표를 내놓지 않았는가? 그러니 비록 지하철 무임승차 대접은 받고 있지만 나는 아직 중년을 살고 있는 셈이다.

내 인생 타이머가 휙휙 넘어간다. 촌음을 아껴 열정을 펌프질하며 만족스러운 하루하루를 살아 내고 있다. 이런 내게 아들이 더 큰 힘을 충전해 주었다. "어머니는 성공한 인생입니다. 자식 농사까지 잘 지으셨으니 말이죠."

자신을 치켜세우려는 의도가 깔려 있지만 참 기분 좋게 들렸다. 또 꾸준히 연락해 오는 제자들은 전직 교사로서 내 자존감을 확실히 지켜 주고 있다. 19년 전 퇴임 자리에 있던 후배들도 이런 내 뒷모습을 충분히 아름답다고 박수 보내지 않을까?

한줄기 소나기에 씻긴 5월의 신록처럼 햇살에 반짝이는 오늘을 살고 있다.

교사는 아이들의
징검다리가 되어야 한다

부끄러움을 무릅쓰고 용기를 내서 어설픈 작업을 시작했다. 시간 여행의 정류장마다 추억이 있어 재미가 있다. 환하게 웃는 얼굴로 맞아 주는 아이, 나를 슬프게 하는 아이, 알 수 없는 세상 속 어딘가에 있을 아이들을 생각하며 그들을 위해 두 손 모아 기도하는 시간이었다. 또 기억하고 싶지 않은 부끄러운 일들도 털어놓으니 홀가분해졌다. 아주 의미 있고 행복한 시간이었다.

그때의 관심과 사랑은 과거형이 아닌 아직도 그들 마음속에 살아 있는 현재형이라고 생각한다. 그런데 미움과 멸시의 감정도 현재형으로 살아 있을 수 있다는 깨달음에 소스라치게 놀란다. 교육 현장에서 주고받은 감정들이 계속 살아 있다는 것을 명심해야 한다.

삶의 현장과 교육의 현장에서 방향 감각을 잃었을 때는 사랑의 풍

향계를 보자. 스스로 사랑의 강을 건너는 디딤돌이 되고 징검다리가 되는 여러분이 되기를 바란다. 디딤돌이 되고 징검다리가 되는 것은 타인의 길을 열어 주는 의미 있는 일이며, 내게는 자연스럽게 보람으로 되돌아온다.

교사에게는 그 의미 있는 일을 할 기회가 날마다 주어진다. 가는 길이 험난할지라도 교사 자신의 미래 위에, 희망 나무가 될 아이들을 생각하며 디딤돌이 되고 징검다리가 되는 헌신을 아끼지 말자. 한 알의 밀알들이 모여 싹이 나고 수많은 결실을 얻는다면 대한민국 미래는 밝아질 것이다. 우리 모두가 행복해질 것이다. 비록 아주 더디게 변화해 갈지라도 말이다.

지독하도 더웠던 지난 여름 3개월, 더위를 모르고 작업할 수 있도록 배려해 준 남편과 사랑스런 아이들, 자랑은 한 스푼도 넣지 말라는 딸의 충언, 글쓰기에 동참해 준 내 제자들과 기도로 응원해 준 모든 지인에게 감사한다.

행복한 미래를 꿈꾸고, 행복한 오늘을 맞이하기 바란다.

그러면 일생이 행복하다.

No.01 김성효 글 | 홍종남 기획

급경영 멘토링

No.02 김성효 글 | 홍종남 기획

기적의 수업 멘토링

No.03 이경원 글 | 홍종남 기획

교육과정 콘서트

No.04 김성효 글 | 홍종남 기획

행복한
진로교육 멘토링

5 이성대 외 글 | 홍종남 기획

로젝트 수업,
과정을 만나다

No.06 이성대 글 | 홍종남 기획

혁신학교,
행복한 배움을 꿈꾸다

No.07 정민수 글 | 홍종남 기획

수업도시락,
성찰과 협력을 담다

No.08 조정래 글 | 홍종남 기획

스토리텔링 교육의
모든 것

9 최무연 글 | 홍종남 기획

수업하러
에 간다

No.10 정민수 글 | 홍종남 기획

수업성숙도,
교사의 강점을 담다

No.11 이현정 외 글 | 홍종남 기획

프로젝트 수업,
배움을 디자인하다

No.12 김진수 글 | 홍종남 기획

행복한 수업을 위한
독서교육 콘서트

No.13 이성대 글

배움이 없는 학교,
프레임을 바꿔라

No.14 최무연 글 | 홍종남 기획

수업은 기획이다

No.15 정선아 글 | 홍종남 기획

교사는 아이들과 함께
성장한다

No.16 하건예 글 | 홍종남 기

교사, 교육전문가로
성장하다

No.17 이경원 글 | 홍종남 기획

교사의 탄생

No.18 김경훈 글 | 홍종남 기획

토의토론수업,
배움을 디자인하다

No.19 최무연 글 | 홍종남 기획

교육과정 문해력,
배움을 디자인하다

No.20 김진수 글 | 홍종남 기

교사가 성장하면,
수업도 성장한다

No.21 김경희 글 | 홍종남 기획

교사에게는
제자가 있다

행복한미래

함께하는 교육, 100년의 약